Total verknallt...

... und keine Ahnung?

Helmut Bruckner
Richard Rathgeber

Total verknallt...
... und keine Ahnung?

**Alles über
Liebe, Sex und
Zärtlichkeit**

Im FALKEN Verlag sind weitere für Jugendliche interessante Titel erschienen.
Fragen Sie Ihren Buchhändler!

Unser Beitrag zum Umweltschutz:
Papier aus chlorfrei gebleichtem Zellstoff

ISBN 3 8068 1024 9

© 1989/1995 by Falken-Verlag GmbH, 65527 Niedernhausen/Ts.
Die Verwertung der Texte und Bilder, auch auszugsweise, ist ohne Zustimmung des Verlags
urheberrechtswidrig und strafbar. Dies gilt auch für Vervielfältigungen, Übersetzungen, Mikrover-
filmung und für die Verarbeitung mit elektronischen Systemen.
Nachauflagenredaktion: Herbert Habicht
Titelbild: Ulrich Bender, Siegen
Zeichnungen: Ulrich Bender, Siegen
Die Ratschläge in diesem Buch sind von den Autoren und dem Verlag sorgfältig erwogen und
geprüft, dennoch kann eine Garantie nicht übernommen werden. Eine Haftung der Autoren
bzw. des Verlags und seiner Beauftragten für Personen-, Sach- und Vermögensschäden ist
ausgeschlossen.
Satz: OLS Offenbacher Layoutsetzerei, Offenbach
Druck: Auer, Donauwörth

06102489X81726

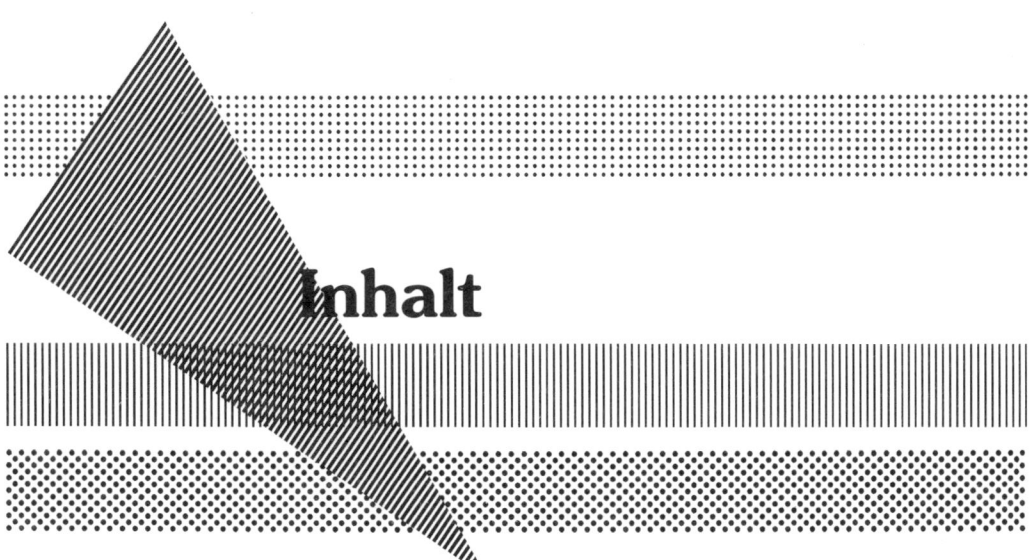

Inhalt

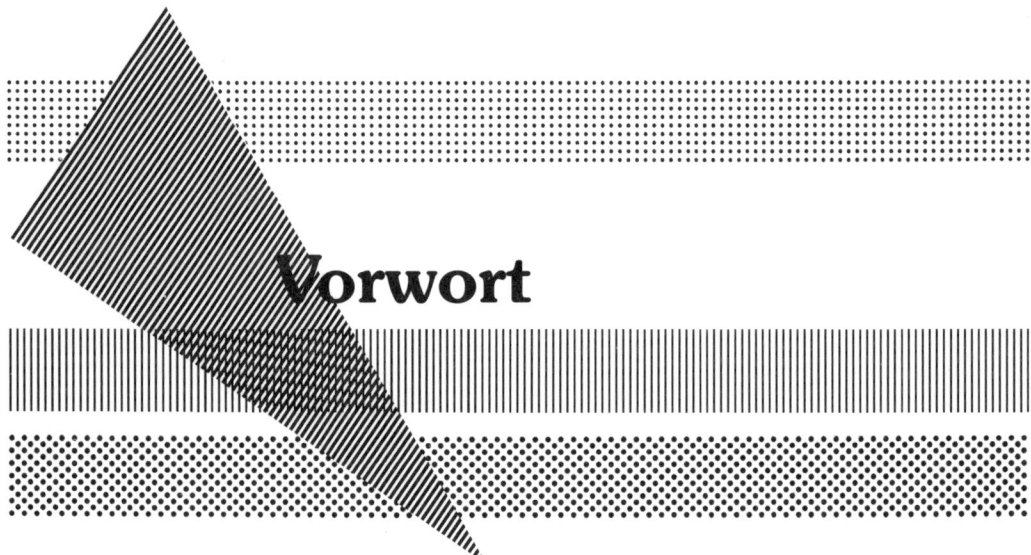

Vorwort

Niemand hat es gern, wenn man ihn für ahnungslos hält. Besonders Jugendliche sind da sehr empfindlich, weil es ihnen häufig passiert, daß Erwachsene sich für maßlos überlegen und klüger halten. Dabei wissen sogar Kinder, zum Beispiel über Sexualität, oft schon viel mehr, als ihre Eltern es ihnen zutrauen oder zubilligen wollen. Und sehr viele Erwachsene wissen vieles, gerade über Sexualität, gar nicht so genau, wie sie immer tun und wie sie sich selbst einbilden. Diese Erfahrungen machten die Autoren dieses Buches – und ihre Kolleginnen und Kollegen, von denen sie beim Schreiben beraten wurden. Wir haben immer wieder gemerkt, daß unser Wissen über Sexualität erstaunliche Lücken hatte. Um den Sachverhalt wirklich ganz genau darlegen zu können, mußten wir oft in der Fachliteratur nachschlagen, und auch dort bekamen wir nicht immer erschöpfende Auskünfte. Bei Gesprächen im Freundes- und Bekanntenkreis stellten wir häufig fest, daß viele – durchaus hochgebildete – Erwachsene über Sexualität nicht sonderlich gut Bescheid wußten. Es ist deshalb nicht verwunderlich, wenn viele Jugendliche noch weniger darüber wissen. Dies ist keine Schande, aber es ist schädlich, sich einzubilden, man wisse längst schon alles und brauche sich deshalb nicht mehr damit zu befassen.

Die überhebliche Art vieler Erwachsener, sich für ausreichend aufgeklärt zu halten, wird leider von Kindern und Jugendlichen gerne übernommen. Sie empfinden es oft sogar als eine Beleidigung, wenn man ihnen ein »Aufklärungsbuch« auch nur anbietet. Dabei wäre es für jeden gut, sich die Neugierde und das Verlangen nach neuem Wissen zu bewahren.

Wir haben kein Fachbuch über Sexualität geschrieben. Wir wollten nicht alles mögliche an Wissen darüber zusammentragen, sondern uns vorrangig mit den Problemen, aber auch mit den schönen Dingen, die das Erleben der Sexualität mit sich bringen kann, auseinandersetzen. Das vorliegende Taschenbuch kann deshalb nicht vollständig sein. Das Wissen über Sexualität, das wir hier speziell für Jugendliche zusammengestellt haben, ist sorgfältig ausgewählt. Wir glauben, daß wir damit einen angemessenen Mittelweg zwischen der Vermittlung von Fakten und der Auseinandersetzung mit dem Gefühlsleben Jugendlicher beschritten haben. Im Leben eines jeden Menschen sind Liebe, Zärtlichkeit und Sexualität Dinge von ungeheurer Wichtigkeit. Dieses Buch ist ein Begleiter und Ratgeber für Jugendliche, die mit diesen Empfindungen erste oder – im Laufe ihrer Entwicklung – neue Erfahrungen machen.

Was heißt hier verknallt?

Verknallt sein in jemanden – ist das dasselbe wie verliebt sein? Oder ist verknallt sein bloß etwas Ähnliches? Ist es mehr oder weniger als verliebt sein? Gibt es das nur in der stürmischen Jugendzeit oder auch noch im gesetzten Erwachsenenalter?

Wer verknallt ist, hat sich in jemanden verliebt, soviel ist klar. Aber sich in jemanden zu verlieben bedeutet nicht immer dasselbe wie verknallt zu sein. Wenn man verknallt sagt, meint man schon ein bißchen was Verrücktes damit: völlig durchgedreht sein, nichts anderes mehr im Kopf haben, nicht mehr schlafen können, weil man auf jemanden total »steht«. Dieses Gefühl kennen nicht nur Jugendliche, es kommt auch bei Erwachsenen gelegentlich wieder vor.

Typisch für das Jugendalter ist nur, daß man oft in Personen verknallt ist, die eigentlich unerreichbar sind, zum Beispiel Popstars. Das war schon immer so, seit es Stars gibt. In den fünfziger Jahren waren Hunderttausende von jungen Mädchen in Elvis verknallt, in den sechziger Jahren mindestens ebenso viele in einen der Beatles. Und viele tausend andere Mädchen – und auch Jungs – standen auf einen der anderen großen Stars. Heutzutage sind sehr viele von Patrick Swayze, Eros Ramazzotti oder Boris Becker völlig »hin und weg«, beziehungsweise Steffi Graf, »Anna« alias Silvia Seidel oder ein anderer weiblicher Star raubt ihnen den Schlaf. So etwas ist zunächst einmal ganz normal. Die sich entwickelnden Liebesgefühle Jugendlicher richten sich auf Personen außerhalb des eigenen Familienkreises. Darin besteht der Unterschied zu den kindlichen Liebesbeziehungen. Diese jugendlichen Schwärmereien – die viele Eltern beängstigend finden – sind gar nichts Schlimmes, sondern durchaus verständlich. Manche Stars haben ja tatsächlich irgend etwas Besonderes an sich. Sie sehen ungewöhnlich hübsch aus, bewegen sich auf eine erregende Art und Weise oder haben sonst etwas Anziehendes. Das ist ja meistens auch der Grund, weshalb sie zu Stars werden konnten. Die Begeisterung für Sportler, Schauspieler, Sänger und andere Unterhaltungskünstler ist auch beim erwachsenen Publikum sehr verbreitet – und die Voraussetzung für das Showgeschäft. Nur, daß man sich gleich »unsterblich verliebt« in einen Star, daß man unter seiner Unerreichbarkeit leidet, schlaflose Nächte hat und im Extremfall mit Selbstmordgedanken spielt, das ist natürlich schon etwas verrückt. In einer solchen Situation sollte man sich klarmachen, was da eigentlich abläuft: Man ist in jemanden verknallt, den man gar nicht persönlich kennt.

Man kennt ja nur den Star, wie er sich auf der Bühne gibt, man kennt nur die Rolle, die er spielt. In die ist man verliebt, aber die darf man nicht mit der Persönlichkeit, die dahintersteckt, verwechseln! Alles, was man über den Star als Menschen weiß, kommt aus »Bravo« oder einer anderen Zeitschrift, aus dem Rundfunk oder dem Fernsehen. Liebe kann es also gar nicht sein, was man für sein Idol empfindet, denn lieben kann man doch wohl nur einen Menschen, den man persönlich sehr gut kennt. Bei den Gefühlen für einen Star handelt es sich um Schwärmerei, die man im emotionalen Überschwang mit wirklicher Liebe verwechselt hat. Gefühle für einen Star sind aber durchaus ernst zu nehmen; man soll sie ruhig ausleben. Warum soll man nicht von einem Idol schwärmen, es in die Sehnsüchte und Träume mit einbeziehen. Aber es gibt natürlich eine Grenze zwischen Phantasie und Wirklichkeit! In der Wirklichkeit wird es wahrscheinlich nie eine Liebesbeziehung zwischen einem Fan und seinem Star geben. Der Star ist weit weg, viel beschäftigt und mit einem Überangebot an Verehrern versorgt. Es gibt viele Jugendliche, die traurig sind, daß sie nicht an ihn herankommen, an ihren Star – ein schwacher Trost vielleicht!

Ganz ähnlich verhält es sich, wenn Schüler/innen in eine(n) ihrer Lehrer/innen verknallt sind. Das kommt häufig vor. Lehrer sind natürlich schon viel eher greifbar als Popstars, und man glaubt, sie persönlich sehr gut zu kennen. Dies ist aber oft ein Irrtum, denn auch der Lehrer spielt seine Rolle, seine Bühne ist das Klassenzimmer. Wie er in seinem Privatleben ist, welche individuellen Charaktereigenschaften er hat, wissen seine Schüler selten sehr genau. Trotzdem kann es sein, daß sich beispielsweise eine Schülerin in einen Lehrer verknallt, weil er in ihren Augen so hübsch, so nett, so süß, so sexy ist. So etwas ist durchaus ernst zu nehmen, denn nicht in jedem Fall kann man solche Gefühle einfach als eingebildet abtun, bloß weil sie sich auf einen Lehrer richten. Es ist auch schon vorgekommen, daß sich ein Lehrer in eine Schülerin verliebt hat. Das ist allerdings eine gefährliche Sache für den Lehrer, denn aus rechtlichen Gründen dürfen Lehrer keine sexuellen Beziehungen zu ihren Schülern haben, schon gar nicht zu Jugendlichen unter 16 Jahren. Mit erfolgreichen Verführungskünsten würde ein Mädchen also vielleicht an ihr Ziel kommen, aber dabei die berufliche Existenz des Geliebten aufs Spiel setzen. Es gibt genug Beispiele dafür, daß Lehrer wegen solcher Vorkommnisse aus dem Beamtendienst entlassen wurden. Bei den meisten Lehrern kann man allerdings davon ausgehen, daß sie sich niemals auf eine Liebesbeziehung zu einer Schülerin beziehungsweise zu einem Schüler einlassen; nicht nur, weil Lehrer die damit verbundenen Schwierigkeiten vermeiden und das Gesetz achten wollen, sondern weil die meisten erwachsenen, sexuell erfahrenen und reifen Menschen ihr sexuelles Interesse nicht auf Jugendliche richten, die ihre Kinder sein könnten. Es ist eine eher seltene und seltsame Geschmacksrichtung, gerade die Unerfahrenheit oder vielleicht sogar Abhängigkeit und Lenkbarkeit von sehr jungen Menschen reizvoll zu finden und auszunutzen. Wer sich in einen Lehrer verknallt, sollte sich klarmachen, daß das mit fast hundertprozentiger Sicherheit mit einer Enttäuschung endet! Also lieber rechtzeitig vernünftig werden und sich nicht noch weiter in eine ausweglose Liebe verrennen!

So schön Schwärmereien auch sein können – gerade das Schmachten nach einem unerfüllbaren Liebeswunsch kann man ja auch genießen, weil keine wirkliche Gefahr damit verbunden ist –, die richtige Liebe lernt man erst kennen, wenn man sich auf engere Freundschaften mit Jugendlichen in der passenden Altersgruppe einläßt. Es ist viel schöner, sich in das Mädchen aus der gleichen Klasse beziehungsweise in den Jungen aus dem Nachbarhaus zu verknallen, denn aus ihnen kann bald ein Liebespartner werden, mit dem man eine schöne Zeit gemeinsam erlebt, ein eigener »Star« zum Anfassen also. Oft verknallen sich Jugendliche innerhalb der Schule oder in der Nachbarschaft in eine(n) Gleichaltrige(n) oder auch in ältere Personen, weil der oder die irgendeinem großen Star ähnelt. Doch über kurz oder lang wird jeder die Erfahrung machen, daß es nicht nur auf das Aussehen ankommt. Auch wer selbst sehr gut aussieht, will nicht nur deswegen geliebt werden! Solange sich Jugendliche wegen Äußerlichkeiten anhimmeln oder verknallen, gibt es natürlich häufig Enttäuschungen, wenn die Charaktereigenschaften der Partner dann nicht zusammenpassen. Die »Liebe auf den ersten Blick« ist sehr selten die »fürs Leben«! Die Trennung von jemandem, den man liebt, ist immer schmerzhaft, nicht nur in der Jugend. Aber für Jugendliche ist dieser Schmerz eine neue Erfahrung, und sie müssen lernen, ihn zu ertragen. Mit Liebeskummer muß man fertig werden. Das schafft man am leichtesten, wenn man sich bewußtmacht, daß man sich noch sehr oft im Leben neu verlieben kann. Es ist ein gefährlicher Unsinn, zu glauben, es gebe für jeden Menschen nur »den einen« oder »die eine« im Leben. Diese Vorstellung ist völlig lebensfremd, wird aber immer noch gegen besseres Wissen verbreitet. Es ist eine traurige Tatsache, daß diesem überholten moralischen Anspruch, Liebe sei »ewig« und »unauflöslich«, immer wieder Jugendliche zum Opfer fallen, wenn sie nach einer gescheiterten Liebe Selbstmord begehen.

Wenn eine Liebesbeziehung scheitert, ist man unglücklich; aber dieser Schmerz läßt – wie jeder andere – mit der Zeit nach, um so früher, je offener man für neue Beziehungen ist. Mit der Erfahrung großer Enttäuschungen kann es kommen, daß man sich nicht mehr so leicht verknallt. Aber verlieben kann man sich immer wieder, und mit der Zeit erkennt man, daß das etwas mit »sich verstehen« und gegenseitigem Vertrauen zu tun hat.

Pubertät –
Was geht da vor?

Der Körper wandelt sich

Pubertät, dieses für unsere Ohren etwas fremd-
artig klingende Wort, meint die Entwicklung
vom Kind zum geschlechtsreifen Erwachsenen. Was sich da entwickelt, ist die *Ge-
schlechtsfunktion* des Menschen, das heißt
die biologische Fähigkeit des jungen Mannes,
Kinder zu zeugen, und die der jungen Frau,
ein Baby zu bekommen.

Die hierfür nötige Umwandlung des Körpers vollzieht sich nicht von heute auf morgen. Es handelt sich vielmehr um einen langsamen, kaum merklichen Vorgang, der zunächst im Inneren des Körpers stattfindet.
Erst allmählich treten auch äußerlich sichtbare
Veränderungen in Erscheinung. Diese werden
von den Erwachsenen als erste Zeichen für
das »Großwerden« ihrer Kinder gedeutet.

Aber auch die Kinder selbst beobachten –
oft schon vor den Erwachsenen – diese Umwandlung an sich und erschrecken vielleicht
über die merkwürdigen Dinge, die mit ihrem
Körper vor sich gehen. Da wachsen Haare an
Körperteilen, die vorher völlig unbehaart waren. Man wächst in kurzer Zeit aus allen Klei-
dungsstücken heraus, so daß die Eltern oft
ganz verzweifelt stöhnen, weil man dauernd
neue Schuhe und Klamotten braucht. Wachs-

tumsschübe am eigenen Leib werden auch
von vielen Jugendlichen nicht gerade begeistert begrüßt, da sich die Proportionen des
Körpers zunächst einseitig verändern. Der einzige Trost mag da sein, daß es allen etwa
Gleichaltrigen ähnlich geht; Jungen wie Mädchen sind gleichermaßen betroffen, wenn
auch die charakteristischen Veränderungen,
die die Pubertät mit sich bringt, zum Teil recht
unterschiedlich sind.

Anders als in unserer Gesellschaft werden
Jugendliche bei vielen Naturvölkern mit Beginn der Fortpflanzungsfähigkeit bereits in den
Kreis der Erwachsenen aufgenommen. Sie
übernehmen die gleichen Arbeiten und Pflich-
ten wie die Erwachsenen, heiraten und bekommen sehr jung ihre ersten Kinder.

Bei uns sind 12- bis 14jährige zwar aufgrund ihrer körperlichen Entwicklung im biologischen Sinne schon erwachsen, da sie sich
aber noch in der Ausbildung befinden und
nicht selbst für ihren Lebensunterhalt sorgen
können, gelten sie rechtlich noch nicht als
Erwachsene. In deren Rolle müssen sie erst
langsam hineinwachsen, das heißt, sie müssen
zusätzlich zur körperlichen eine soziale und
seelische Reife erwerben.

Wie sich die Pubertät bei Mädchen und Jungen bemerkbar macht

Bevor die ersten Anzeichen der Geschlechtsreife äußerlich sichtbar werden, passiert einiges im Inneren des kindlichen Körpers, das uns verborgen bleibt. Ausgangspunkt dieser Vorgänge ist die *Hirnanhangsdrüse*, die an der Unterseite des Gehirns liegt, nur etwa so groß wie eine Bohne ist und weniger wiegt als ein Gramm. Dieses kleine Gebilde produziert, vom Gehirn dazu veranlaßt, Botenstoffe, die man *Hormone* nennt. Es gibt eine ganze Reihe verschiedener Hormone mit unterschiedlichen Aufgaben: Das Wachstumshormon beispielsweise regt bestimmte Zellen in den Knochen dazu an, sich zu vermehren, wodurch die Knochen länger werden und so der ganze Mensch wächst. Das Längenwachstum des jungen Menschen erfolgt in einzelnen Schüben, von denen der auffälligste in der ersten Zeit der Pubertät stattfindet: Die »Hochgeschossenen« spüren manchmal ein Ziehen in den Muskeln, weil deren Wachstum nicht unbedingt exakt mit dem der Knochen Schritt hält, was ungewohnte Spannungen auslösen

IRGENDWIE HAB'ICH MICH VERÄNDERT!

kann. Doch auch die anderen inneren und äußeren Veränderungen der Pubertierenden, wie man die jungen Leute in dieser Lebensphase nennt, werden durch Hormone ausgelöst. Da sie die für Mann und Frau typischen, unterschiedlichen Körpermerkmale hervorrufen, nennt man sie männliche beziehungsweise weibliche *Sexualhormone*.

Bei den Mädchen beginnt die Pubertät meist im Alter von 11 bis 12 Jahren und damit etwas früher als bei den Jungen. Die Jungen folgen ein bis zwei Jahre später. Daher sind Mädchen in dieser Altersgruppe im allgemeinen etwas größer als die Vertreter des männlichen Geschlechts. Letztere haben jedoch den Vorsprung mit 15 oder 16 schon wieder eingeholt.

Geschlechtsmerkmale des Mädchens

Die jungen Mädchen bemerken die Veränderungen, die durch die Ausschüttung der Sexualhormone bewirkt werden, eines Tages beim Blick in den Spiegel. Die Geschlechtsreife, die normalerweise mit circa 11 Jahren beginnt, kann allerdings auch schon mit 8 Jahren einsetzen oder sich bis ins Alter von 15 Jahren hinauszögern, ohne daß man von einer ernsthaften Störung der Entwicklung sprechen müßte.

Die *Brüste* der Mädchen werden langsam, aber deutlich größer. Durch das Wachstum der Brustdrüsen bildet sich im Laufe von Monaten und Jahren ein mehr oder weniger großer Busen aus, der zu den charakteristischen Merkmalen des weiblichen Körpers gehört. Ferner formt sich das *Becken* aus, wird breiter und bekommt dadurch die typisch weiblichen Formen. Die *Schamlippen* werden deutlich größer, und um die *Scheidenöffnung* herum beginnen die *Schamhaare* zu wachsen. Auch in den Achselhöhlen zeigt sich eine stärkere Behaarung. Das gesamte Erscheinungsbild wandelt sich.

Alles das passiert nicht über Nacht und gehört zur ganz normalen Entwicklung jeder Frau. Es ist genausowenig ein Grund zur Beunruhigung wie das Auftreten des für die jungen Mädchen eindrucksvollsten Erlebnisses: die erste Menstruationsblutung. Von diesem Ereignis und seinem Hintergrund wird später ausführlicher die Rede sein.

Geschlechtsmerkmale des Jungen

Das Heranreifen der jungen Männer setzt im allgemeinen mit 12 bis 13 Jahren ein. Wie bei den Mädchen gibt es auch hier Früh- und Spätstarter. Die noch als normal zu bezeichnende Altersspanne, in der die Geschlechtsreife eintritt, liegt zwischen dem 10. und 16. Lebensjahr.

Auch bei den Jungen ist der Verlauf der Pubertät durch ein verstärktes Wachstum gekennzeichnet. Manche scheinen in den Himmel wachsen zu wollen und sehen dann nicht nur wie ein »langes Elend« aus, sondern fühlen sich oft auch so. Doch mit den Jahren wächst »mann« dann mehr in die Breite und bekommt dadurch nach und nach wieder ansehnliche Proportionen.

Ähnlich wie bei den Mädchen beginnen auch bei den Jungen unter den Achseln und im Schambereich Haare zu wachsen. Doch der heimliche Stolz jedes Heranwachsenden sind die ersten Flaumhaare über der Oberlippe, aus denen später mal ein Bart werden soll. Von Zeit zu Zeit werden immer wieder voll gespannter Erwartung Kinn und Wangen nach Anzeichen weiterer Härchen abgesucht. Doch bis daraus ein respektabler Bart wird, das dauert Jahre. Dem Gerücht, durch fleißiges Rasieren könnte der »Lauf der Dinge« wesentlich beschleunigt werden, muß leider entgegengetreten werden. Dies sind übertriebene Erwartungen, doch sollte sich dadurch niemand zurückhalten lassen, rechtzeitig die Kunst der Rasur einzuüben.

Und dann ist da noch die Sache mit dem *Stimmbruch*: Bei den Jungen wird mit Erlangen der Geschlechtsreife nach und nach der Kehlkopf, in dem sich die zum Sprechen notwendigen Stimmbänder befinden, größer. Die hohe Stimmlage des Knaben wechselt zur tieferen Stimme des Mannes. Dieser Übergang geht nicht ganz ohne Reibungen ab. Die Stimme versagt öfter; und statt eines harmonischen Klanges bringt sie häufig einen schnellen Wechsel zwischen hohen und tiefen Tönen hervor. Das ist eine vorübergehende Erscheinung und braucht im übrigen niemandem peinlich zu sein. In diesem Zusammenhang sei noch gesagt, daß auch der Kehlkopf der Mäd-

chen in der Pubertät größer wird und die Stimme ihren kindlichen Charakter verliert.

Auch die Geschlechtsorgane der Jungen, *Glied* und *Hoden*, werden unter der Wirkung der Sexualhormone größer. Tritt aus dem Glied nach der *Versteifung* eine weißliche Flüssigkeit aus, haben die Hoden bereits mit der Produktion von *Samen* begonnen. Der *Samenerguß* ist Zeichen der Geschlechtsreife des Mannes.

Probleme mit der Weiblichkeit?

Für viele Mädchen ist die Zeit, in der sie einen Busen bekommen und nach und nach um Hüften und Po herum rundlicher werden, auch mit seelischen Problemen verbunden. Manchen Mädchen fällt es zum Beispiel schwer, diese körperlichen Veränderungen, die ihr Erscheinungsbild doch erheblich verändern, zu akzeptieren.

Eberhard: »Meine Schwester benahm sich schon als Kind immer so wild wie ein Junge. Sie klagte auch häufig, daß die Buben es leichter hätten als die Mädchen, weil ihnen viel mehr erlaubt würde. Als sie so an die dreizehn war, stand sie morgens oft im Bad vor dem Spiegel, hat sich mit den Fäusten gegen den Busen geschlagen und mit wuterfüllter Stimme gerufen: »Ich will diese verdammten Dinger nicht haben«. Doch das hat sich bald wieder gelegt, und später war sie ganz stolz auf ihre betont weibliche Figur.«

Die Pubertät ist der Übergang vom Kind- zum Erwachsensein. Demgemäß sträuben sich manche gegen das Hereinbrechen eines neuen, ihnen noch fremden Zustandes. Mädchen flüchten sich dann gelegentlich in die Vorstellung, als Jungen hätten sie es besser. Es ist sinnlos, darüber zu streiten, denn am natürlichen Geschlecht läßt sich nun einmal nichts ändern. Im allgemeinen dauert diese Auflehnung gegen das eigene »Schicksal« nicht sehr lange. Wenn die angehenden Frauen sich durch die Aufmerksamkeit des anderen Geschlechtes erst einmal ihrer Anziehungskraft bewußt geworden sind, betonen sie eher die Besonderheiten ihrer Figur, als sie zu unterdrücken. Sie unterstreichen ihre weiblichen Reize durch Kleidung, Schminke und Auftreten, um sich und anderen zu gefallen.

Claudia: »Meine Freundinnen haben alle schon einen Freund, nur für mich interessiert sich anscheinend keiner. Ich fürchte, das liegt daran, daß ich noch ganz unterentwickelt bin. Dabei bin ich schon fünfzehn! Die anderen in meiner Klasse haben fast alle schon sehr weibliche Formen.«

Wenn ein Mädchen das Bedürfnis hat, auf Männer anziehend zu wirken, oder wenn sie sich gar verliebt, beginnt sie sich selbst mit kritischen Augen zu betrachten. Wie wirke ich? Ist meine Figur okay? Wie kann ich mehr aus meinem Typ machen? Diese Art der Selbstüberprüfung ist ganz normal und hat noch nichts mit übertriebener Eitelkeit oder Unterwürfigkeit gegenüber dem männlichen Geschlecht zu tun. Jede Frau – und selbstverständlich auch jeder Mann – hat das Bedürfnis, der eigenen Vorstellung von Schönheit möglichst nahe zu kommen. Es steigert schließlich das Wohlbefinden, wenn man sich und anderen gefällt.

Die eigenen Vorstellungen von gutem Aussehen werden durch äußere Vorbilder beeinflußt. Es gibt auch ständig wechselnde Moden, nicht nur was Kleidung und Schmuck, sondern auch was die weiblichen Proportionen betrifft. Einmal werden schlanke Frauen mit kleinem Busen als Idealbild von Modeschöpfern und Frauenzeitschriften propagiert. Dann heißt es wieder, runde, betont weibliche Frauenfiguren seien wieder »im Kommen«. Grund für das dauernde Hin und Her in der Modeszene ist der Wunsch der Geschäftsleute, durch einen dauernden Wechsel dessen, was als »der letzte Schrei« gilt, ihr Geschäftsleben immer munter in Gang zu halten. Abgesehen davon, daß die meisten jungen Leute (wie auch viele Erwachsene) überhaupt nicht das Geld haben, bei

jedem neuen modischen Firlefanz mitzuhalten, sollte man möglichst frühzeitig seinen eigenen Geschmack entwickeln und sich nicht blind den Kampagnen der Modediktatur unterwerfen. Wenn beispielsweise »Miniröcke« angesagt

sind, muß man immer noch sehen, wie die zur eigenen Figur passen. Auf jeden Fall gibt es kein immer gültiges Schönheitsideal. Und außerdem haben Männer nicht alle den gleichen Geschmack. Es gibt Liebhaber von blonden, roten und dunklen Haaren, von großen und kleinen Busen, von hochgewachsenen, schlanken und untersetzten, molligen Frauen.

Was Tanja über Nicole denkt:	Was Nicole über Tanja denkt:
»Nicole ist einfach sexy. Sie hat keine Probleme, wenn sie sich an einen ´ranmachen will. Sie zieht sich was Hautenges an und läßt ihren runden Po und ihren großen Busen zur Geltung kommen. Darauf fliegen die Typen.«	»Die Tanja hat's gut. Die kann mit ihrer schlanken Figur anziehen, was sie will, es sieht immer gut aus. Solche Mannequin-Figuren, das ist es, worauf die Männer abfahren.«

Die Besonderheiten der weiblichen Figur, wie die Form des Beckens oder die Ausformung der Brüste, sind größtenteils durch die Erbanlagen *(Gene)* bestimmt. Daran ist nur in geringem Maße etwas zu ändern. Allerdings kann man seine Figur durch eigene Aktivitäten noch etwas verändern. Ein trainierter Körper wirkt zwar meistens anziehender als einer mit Fettpolstern, letztenendes ist aber auch das Geschmackssache und weniger wichtig als vielfach angenommen. Davon abgesehen fühlt man sich jedoch wohler und ausgeglichener, wenn man sich durch ein ausgewogenes Training fit hält.

Elke: »Mein Freund und ich, wir verstehen uns sehr gut. Das einzige Problem für ihn ist, glaube ich, daß ihm mein Busen zu klein ist. Er leugnet das zwar ab, aber ich habe schon öfters gesehen, daß er verstohlen zu Mädchen mit großen Dingern ´rüberguckt. Da ich ihn nicht verlieren möchte, habe ich mich jetzt mal umgehört, ob sich nichts ändern läßt bei mir. Sport und Massagen richten nach allem, was ich jetzt weiß, kaum etwas aus. Nun hat mir eine Freundin erzählt, daß ihr Busen ein schönes Stück größer wurde, nachdem sie anfing, die Antibabypille zu nehmen.«

Vielleicht gefallen Elkes Freund die »großen Dinger« bei anderen Mädchen, aber offensichtlich findet er genug andere Körpermerkmale und charakterliche Eigenschaften an ihr, die ihm wichtiger sind als die Busengröße. Er hätte sich wohl kaum in sie verliebt, wenn es ihm nur auf große Brüste ankäme. Freundschaften, die nur auf der Anziehungskraft weniger äußerlicher Merkmale beruhen, sind meistens ohnehin nicht von langer Dauer.

Viele junge Menschen glauben, daß eine Kleinigkeit, wie eine etwas schiefe Nase, eine Narbe oder ähnliches, sie so entstellt, daß sie wenig oder keine Chancen haben, daß sich jemand in sie verliebt. Das wird dann leicht zur fixen Idee; man schiebt alles »Versagen« auf den einen Mangel, läßt sich resigniert hängen, und glaubt tatsächlich, daß man niemandem gefällt. Anstatt das Beste aus sich zu machen, neigt manche(r) dazu, sich gehen zu lassen.

Elke will sich nicht mit der Größe ihres Busens abfinden und sinnt auf Abhilfe. Es ist zwar richtig, daß die Einnahme der *Antibabypille* die Brust etwas vergrößern kann. Das liegt daran, daß die künstlichen Sexualhormone, die in diesen Pillen enthalten sind, neben der erwünschten Empfängnisverhütung – als unbeabsichtigte Nebenwirkung – zu einer Einlagerung von Wasser ins Gewebe und damit zu einem Anschwellen der Brüste und zu einer Gewichtszunahme führen. Doch dieser Effekt verschwindet meist nach ein paar Monaten Pilleneinnahme wieder, wenn der Körper sich an die äußerliche Hormonzufuhr gewöhnt hat. Außerdem: Ob dieser Effekt überhaupt auftritt und in welchem Ausmaß, hängt sehr von der Art des Präparates, das heißt von der Hormonzusammensetzung, ab. Die für die Flüssigkeitseinlagerungen in das Brustgewebe verantwortlichen Hormone sind die *Östrogene*. Nicht jede »Pille« enthält die gleiche Menge dieses Hormons. Welches Präparat der Frauenarzt verschreibt, hängt vom körperlichen Reifezustand der jungen Frau ab und nicht davon, ob sie einen größeren Busen haben will oder nicht.

Unterschiede in der Busengröße gibt es übrigens nicht nur zwischen verschiedenen Frauen. Es ist gar nicht selten, daß bei ein und demselben Mädchen eine Brust etwas schneller wächst als die andere. Die unterschiedlichen Größen gleichen sich aber mit der Zeit von selbst weitgehend wieder aus.

Die Menstruation

Eine natürliche Ausspülung

Jeder hat es schon erlebt: ein kleiner Schnitt
in den Finger nach ungeschicktem Umgang
mit einem Messer oder ein aufgeschlagenes
Knie nach einem Sturz. Die Folge ist der Austritt von Blut an der verletzten Stelle. Wir wissen, daß die rote Flüssigkeit nach einiger Zeit
trocknet, die Wunde dadurch geschlossen und
der Körper gegen das mögliche Eindringen
von Krankheitskeimen an dieser Stelle geschützt wird. Aber schon wenn das Blut aus-
fließt, erfüllt es eine wichtige Aufgabe: Es spült
Schmutzpartikel, die zum Beispiel an dem
Messer hängen, mit dem man sich verletzt
hat, aus der Schnittstelle heraus. Blutungen
haben also eine für die Gesunderhaltung des
Körpers sehr nützliche und sinnvolle Aufgabe.
Es gibt daher bei kleineren Blutungen auch
keinen Grund zu erschrecken.

Sabrina: »Als ich zwölf Jahre alt war, hatte ich
meine erste Menstruation. Ich war aber nicht
überrascht oder ängstlich, weil ich schon Bescheid wußte. Im Gegenteil, ich war enttäuscht, weil man nur sehr wenig Blut sehen
konnte, viel weniger als bei meiner älteren
Schwester. Insgesamt war ich aber stolz, daß
ich jetzt eine richtige Frau war und kein Kind

mehr. Am liebsten hätte ich jedem davon erzählt. Aber meine Mutter hat gesagt, das könne ich nicht machen und es würde schon noch
ein paar Jahre dauern, bis die Leute ›Sie‹ zu
mir sagen würden.«

Bei dem Ereignis aus Sabrinas Lebensge-
schichte, von dem hier die Rede ist, geht es
ebenfalls um Blut. Es sind aber Blutungen
ganz besonderer Art: Sie beruhen auf keiner
Verletzung oder Krankheit, sie kommen regelmäßig wieder und treten nur bei Frauen auf.

Um hinter das »Geheimnis« dieses Phäno-
mens zu kommen, müssen wir uns klarmachen, was im Bauch der geschlechtsreifen
Frau, unseren Blicken entzogen, vor sich geht.
Dort bewirken Stoffe – die bereits erwähnten
Sexualhormone –, daß in jedem Monat einmal
ein *Ei* in einem der beiden *Eierstöcke* heran-
reift. Hat sich das Ei genügend weit entwik-
kelt, wird es aus dem Gewebe des Eierstockes
freigesetzt. Man nennt diesen Vorgang den
Eisprung. Das Ei fällt dabei in eine Art Trich-
ter und wandert durch den *Eileiter* – ein dün-
nes Schläuchlein – bis in die *Gebärmutter*.
Für den Weg vom Eierstock bis zur Gebärmutter braucht es vier bis fünf Tage. Wird das Ei
in den ersten 24 Stunden nach dem Eisprung
durch männlichen Samen befruchtet, nistet es

Januar	26 27 28	29/1	30/2	31/3	4	5	6	7	8	9	10	11	12	13	14	15	16	17	18	19	20	21	22	23	24	25				
Februar	23 24 25 26 27 28	1	2	3	4	5	6	7	8	9	10	11	12	13	14	15	16	17	18	19	20	21	22							
März	(23)(24)(25)(26)(27) 28	29/1	30/2	31/3	4	5	6	7	8	9	10	11	12	13	14	15	16	17	18	19	20	21	22							
April	20 21 (22)(23)(24)(25)(26) 27 28 29 30	1	2	3	4	5	6	7	8	9	10	11	12	13	14	15	16	17	18	19										
Mai	18 19 20 21 (22)(23)(24)(25)(26) 27 28 29 30 31	1	2	3	4	5	6	7	8	9	10	11	12	13	14	15	16	17											
Juni	15 16 17 18 19 (20)(21)(22)(23)(24) 25 26 27 28 29 30	1	2	3	4	5	6	7	8	9	10	11	12	13	14													
Juli	13 14 15 16 17 18 19 20 (21)(22)(23)(24) 25 26 27 28 2...	1	6	7	8	9	10	11	12																		
August	10 11 12 13 14 15 16 17 18 19 20 (21)(22)(23)(24) 2...	3	4	5	6	7	8	9																			
September	7 8 9 10 11 12 13 14 15 16 17 (18)(19)(20)(21)	29 30	1	2	3	4	5	6																		
Oktober	5 6 7 8 9 10 11 12 13 14 15 (16)(17)(18)(19)	7 28 29 30 31	1	2	3	4																				
November	2/30 3 4 5 6 7 8 9 10 11 (12)(13)14 15 16	6 27 28 29	1																							
Dezember	28 29 30 31 4 5 6 7 8 9 10 11 12 13	4 25 26 27																								

sich im Inneren der Gebärmutter ein und wächst zu einem Baby heran. Kommt es aber nicht zum Befruchtungsvorgang, stirbt die Eizelle ab und wird durch eine kleine Blutung aus der Gebärmutter herausgespült. Dieses Blut tritt dann aus der Scheidenöffnung aus. Das Ei ist übrigens so winzig, daß man es mit bloßen Augen nicht erkennen kann. Die Ausspülung des unbefruchteten Eies ist also die Ursache der Menstruationsblutung. Andere gebräuchliche Ausdrücke, die diesen Vorgang bezeichnen, lauten *Periode*, *Regel* oder *Zyklus*. Wie auch schon das Wort Menstruation, deuten diese Begriffe an, daß dieses Ereignis in einem regelmäßigen Rhythmus auftritt, und zwar in jeder vierten Woche. Auf die genaueren Umstände wird später, im Kapitel zur Empfängnisverhütung, noch eingegangen werden.

Die unregelmäßige Regel

Gespräch zwischen zwei Vierzehnjährigen:
Iris: »Du, wie oft kriegt man eigentlich die Regel?«
Anna: »Einmal im Monat.«
Iris: »Es ist jetzt aber schon sieben Wochen her, daß ich sie das letzte Mal hatte. Was kann bloß mit mir los sein?«
Anna: »Hoffentlich bekommst du kein Kind. Wenn man mit einem Mann zusammen im Bett war und was passiert ist, bleibt die Regel aus und man bekommt ein Kind.«
Iris: »Aber ich habe nicht mit einem Mann geschlafen.«
Anna: »Na, dann kannst du nicht schwanger sein, aber vielleicht bist du krank.«

Haben die beiden Freundinnen recht mit ihren Vermutungen über das Ausbleiben von Iris' Regel? Dazu ist folgendes zu sagen:
    Es ist ganz normal, wenn bei jungen Mädchen in den ersten Jahren die Menstruationsblutungen noch ziemlich *unregelmäßig* auftreten. Es dauert einige Zeit, bis sich der Körper auf die neue Situation eingestellt hat. Auch die Stärke der Blutung ist zu Anfang noch starken Schwankungen unterworfen. Der Organismus befindet sich noch in der *Phase der hormonellen Umstellung*. Häufig wird vor der Blu-

tung noch gar kein Ei aus den Eierstöcken freigesetzt. Das junge Mädchen ist also noch nicht empfängnisfähig. Doch mit der Zeit spielt sich der Hormonhaushalt ein und die Menstruation tritt relativ regelmäßig auf. Die beiden Freundinnen haben sich also getäuscht, wenn sie glauben, das längere Ausbleiben von Iris' Regel sei ungewöhnlich oder lasse auf eine Krankheit schließen. Ihre Vermutung, daß keine Schwangerschaft vorliegen kann, sofern Iris nicht mit einem Mann geschlafen hat, ist dagegen richtig. Wenn sich mit der Zeit die Menstruationszyklen eingespielt haben, vergehen von einer Blutung zur anderen im Durchschnitt 28 Tage. In einzelnen Fällen kann sich der Zyklus auch auf einen längeren oder kürzeren zeitlichen Abstand einpegeln. Die »Normalisierung« besteht also in einer gewissen Regelmäßigkeit des Auftretens, wobei durchaus kleinere Schwankungen von 2 bis 3 Tagen auftreten können.

Kerstin: »Meine Monatsblutung ist eigentlich immer ziemlich pünktlich eingetroffen. Die letzten Male jedoch ging es ziemlich durcheinander. Jetzt kam es einige Tage vor dem richtigen Einsetzen der Periode auch noch zu kleineren Blutungen. Meine ältere Schwester hat gemeint, das wäre nicht normal und ich sollte

zum Arzt gehen. Die Vorstellung ist mir aber sehr unangenehm und ich schiebe die Sache weg, so gut es geht.
Andererseits habe ich auch Angst, es könnte doch was Ernsteres sein.«

Wenn eine Frau schon längere Zeit einen stabilen Zyklusverlauf hatte und dieser dann plötzlich sehr unregelmäßig wird oder wenn zusätzlich zur normalen Periode *Zwischenblutungen* auftreten, sollte sie eventuelle Ängste überwinden, einen *Frauenarzt* aufsuchen und ohne falsche Hemmungen mit ihm darüber reden. Der Arzt hat Verständnis für solche Dinge und wird täglich mit ähnlichen Problemen konfrontiert. Er weiß auch, daß es gerade jungen Mädchen oft schwerfällt, über ihren Intimbereich offen zu reden, und wird beim Gespräch und bei der Untersuchung behutsam vorgehen. Es gibt also keinen Grund, Frauenarztbesuche auf die lange Bank zu schieben.

Das Tage-Buch

Auf den ersten Blick sieht das alles etwas kompliziert aus. Es ist normal, wenn die Zyklen zunächst unregelmäßig sind. Später sollten sie, mit leichten Schwankungen, zuverlässig in bestimmten zeitlichen Abständen, das

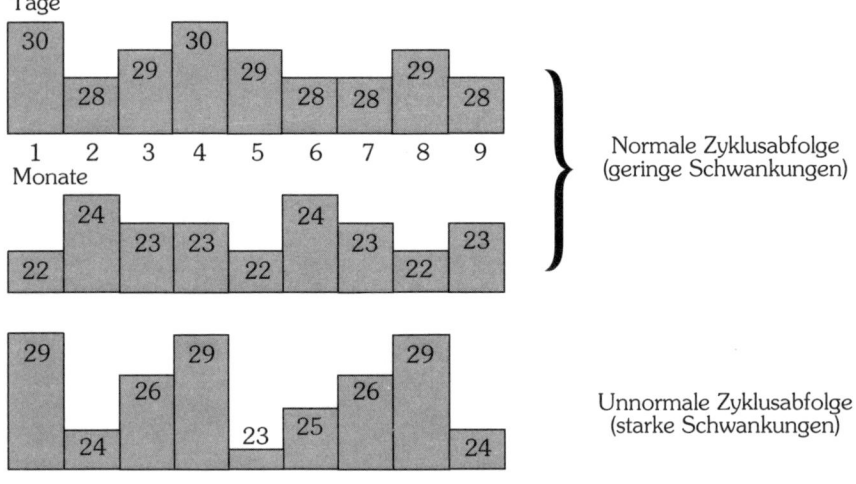

Normale Zyklusabfolge
(geringe Schwankungen)

Unnormale Zyklusabfolge
(starke Schwankungen)

Menstruationskalender			
Beginn der Blutungen	**Dauer der Blutungen**	**Zyklus-dauer**	**Begleiterscheinungen**

heißt ohne größere Abweichungen, auftreten. Um sich ein Urteil erlauben zu können, sollte über die Zyklen möglichst genau Buch geführt werden, und zwar von Anfang an. Nur dann behält eine Frau den Überblick und kann Schlüsse ziehen, ob alles in Ordnung ist oder sich auffällige Abweichungen einstellen. Folgende Daten sollte man sich stets notieren:

➡ An welchem Tag fangen die Blutungen an
➡ Wie lange dauern die Blutungen
➡ Besondere Begleiterscheinungen
➡ Wieviele Tage liegt der Beginn der letzten Blutung zurück (Zyklus-Dauer).

Zu diesem Zweck genügt ein einfacher Taschenkalender, den man in jedem Schreibwarengeschäft für ein paar Mark kaufen kann. Noch übersichtlicher ist eine eigens angefertigte Tabelle, in der die einzelnen Rubriken aufgeführt sind. Wer anfangs noch Probleme mit dem Ausfüllen hat, kann vielleicht die Mutter, die ältere Schwester oder eine Freundin um Rat fragen. Die hier abgebildete Tabelle kann als Vorlage dienen. Am einfachsten ist es, sie zu fotokopieren und die Kopien in einem Ordner zu sammeln.

Wer die Daten gewissenhaft einträgt, weiß schon im voraus, wann etwa die nächste Periode zu erwarten ist, und bemerkt rechtzeitig,

wenn ungewöhnliche Abweichungen auftreten. Bei Störungen kann ein genau geführter *Menstruationskalender* auch ein wichtiges Hilfsmittel für die Diagnose des Frauenarztes sein. Er sollte daher beim Arztbesuch nicht vergessen werden.

Wann soll frau zum Arzt?

Der *Gynäkologe*, wie der auf Frauenkrankheiten spezialisierte Mediziner auch heißt, sollte auf jeden Fall aufgesucht werden, wenn
● die Blutungen mehrmals hintereinander sehr schwach oder sehr stark ausfallen,
● von starken Schmerzen im Unterbauch begleitet sind,
● die Regel nach über längere Zeit regelmäßigen Zyklen überfällig wird.

Gründe für eine Verschiebung der Periodenblutung

Bei jungen Frauen, die noch nicht mit einem Mann geschlafen haben, kommt eine Schwangerschaft als Ursache für das Ausbleiben der Periode nicht in Frage. Allerdings ist die Möglichkeit einer Befruchtung auch ohne Geschlechtsverkehr gegeben, dann nämlich,

wenn auf eine andere Art und Weise Samen in die Scheide gelangt ist (vgl. S. 44). Es gibt aber eine Reihe von Umständen, die das Eintreten der monatlichen Blutung ungewohnt lange hinauszögern können:
- ein plötzlicher Klimawechsel, zum Beispiel bei einer Reise in eine weiter entfernte Region,
- ungewohnte körperliche und seelische Belastungen,
- Unterernährung,
- verschiedene Krankheiten.

Die Blutungen dauern im Normalfall vier bis fünf Tage, wobei deren Stärke nach den ersten beiden Tagen gewöhnlich immer mehr abnimmt. Zwei Tage mehr sind noch kein Grund zur Besorgnis. Sollten die Blutungen aber mehr als sieben Tage anhalten, ist es ratsam, den Arzt aufzusuchen.

Yasmin: »Ich finde es lästig und unangenehm, daß wir Frauen jeden Monat von der Periode heimgesucht werden. Gibt es denn kein Mittel oder Medikament, mit dem man das verhindern könnte? Es gibt doch sonst für fast alles Tabletten?«

Es läßt sich nicht leugnen, daß die ständig sich wiederholenden Blutungen eine Belastung für Frauen sind. Während ihrer »Tage« sind sie oft nervös, fühlen sich unwohl und haben manchmal auch Schmerzen. Auch die notwendige Hygiene erfordert einen gewissen Aufwand an Zeit und Sorgfalt. Es ist zwar möglich, mit Medikamenten, die bestimmte Hormone enthalten, den Rhythmus des weiblichen Zyklus zu beeinflussen, an der Tatsache, daß es sich um einen biologischen Vorgang handelt, der bei jeder Frau bis zu den Wechseljahren stattfindet, läßt sich jedoch nichts ändern.

Binden oder Tampons?

Wenn eine Frau bzw. ein Mädchen merkt, daß die Menstruation unmittelbar bevorsteht, kann sie Vorkehrungen treffen, damit das Blut, das aus der Scheide austritt, aufgefangen wird. Den richtigen Zeitpunkt hat sie, abgesehen von der Kontrolle durch das Führen eines Menstruationskalenders, bald im Gefühl. Sie lernt nämlich mit der Zeit die körperlichen Vorzeichen kennen, die, bei jeder Frau etwas anders, dem Ereignis vorausgehen.

Es gibt zwei Hilfsmittel, mit denen Frauen das Menstruationsblut auffangen können: Binden und Tampons. *Binden* sind flache Einlagen, die außen vor den Scheideneingang gelegt werden. *Tampons* sind kleine Röllchen, die in die Scheide gesteckt werden. Beide bestehen aus einem watteähnlichen, sehr saugfähigen Material.

Liliane: »Ich habe schon seit vier Jahren die Periode. Um das Blut aufzufangen, habe ich von Anfang an Binden verwendet. Meine Freundinnen benutzen aber alle schon Tampons und finden das viel besser. Meine Mutter meint aber, junge Mädchen sollten nur Binden verwenden, weil Tampons ungesund seien. Ist sie bloß altmodisch oder hat sie recht?«

Jedes Mädchen muß selbst herausfinden, ob es Binden oder Tampons angenehmer findet. Für sehr junge Mädchen sind Binden vielleicht einfacher zu handhaben. Sie haben an der Unterseite einen Papierstreifen, den man abziehen kann. Dabei wird eine selbstklebende Schicht frei, mit der die Binde an der Unterhose fixiert wird. So kann sie beim Laufen nicht verrutschen. Je nach Stärke der Blutungen kann eine Frau dickere oder auch superdünne Binden, die kaum auftragen, verwenden. Viele Frauen finden Tampons angenehmer und sicherer. Vor allem, wenn sie sich während der Periode sportlich betätigen wollen, sind Tampons bequemer. Das Einführen

des Tampons in die Scheide ist kein Kunst-
stück, will aber gelernt sein. Es empfiehlt sich,
das Einführen vor der ersten Anwendung zu
üben. Der Tampon ist zunächst in einer
durchsichtigen Schutzfolie eingehüllt, die man
entfernt. An einem Ende des runden Watte-
keils befindet sich eine Schnur, die die Frau
aus der Scheide heraushängen läßt, damit sie
den Tampon später ohne Schwierigkeiten
wieder herausziehen kann. Sie hält nun den
Tampon so in einer Hand, daß das etwas spit-
zere Ende zur Scheidenöffnung zeigt und das
stumpfere Ende mit der Schnur vom Körper
wegweist. Mit den Fingern der anderen Hand
zieht sie die Schamlippen auseinander und
führt dann vorsichtig den Tampon ganz in die
Scheide ein. Nur die Schnur soll, wie schon
gesagt, außerhalb bleiben. Für den Fall einer
anfänglichen Unsicherheit bei der Handha-
bung kann vielleicht die Mutter, Schwester
oder eine Freundin Rat und Hilfestellung geben. Eine Kontrolle des Einführens mit einem
Spiegel ist auf jeden Fall hilfreich.

Die Mutter von Liliane hat Unrecht, wenn
sie meint, daß das Tragen von Tampons
grundsätzlich schädlich ist. Es gibt Fälle, in
denen Frauen und junge Mädchen Tampons
nicht vertragen oder mögen. Das muß jede
selbst entscheiden. Bei jungen Mädchen, bei
denen das Jungfernhäutchen noch intakt ist,
kann dieses unter Umständen einem Tampon
im Wege sein. Doch häufig hat das Häutchen
ein Loch oder ist eingerissen, so daß besonders dünne Minitampons ohne Gefahr eingeführt werden können. Viele Frauen kombinie-
ren auch: Sie tragen tagsüber die bequemeren
Tampons und nachts die aufnahmefähigeren
Binden.

Reinheitsgebote?

Ines: »Wenn ich die Periode habe, riecht das
ziemlich auffällig, und ich geniere mich immer, wenn ich mit anderen Leuten zusammen
bin, weil die dann wissen, was mit mir los ist.

Vielleicht denken sie auch, daß ich mich nicht
genügend sauber halte, aber ich wasche mich
immer gründlich, wenn ich den Tampon
wechsele. Sollte ich mich vielleicht auch innen
gründlich waschen?«

Es ist richtig, daß Frauen während ihrer Tage
einen bestimmten Geruch aussenden. Der
kann bei verschiedenen Frauen unterschiedlich stark ausgeprägt sein. Die Häufigkeit des
Waschens hängt ganz von der Stärke der Blutungen ab. Es ist aber unnötig, mit übertrie-
benem Eifer ans Werk zu gehen oder sich etwa
mit Intimsprays zu Leibe zu rücken, weil man
denkt, man könne unangenehm auffallen. *Auf
gar keinen Fall* soll man mit Seifenschaum
oder anderen Reinigungsmitteln in die Scheide
eindringen, weil dabei die natürliche *Schutz-
schicht* der Scheidenschleimhaut in Mitleiden-
schaft gezogen und dadurch empfänglicher für
Infektionen wird.

Die Menstruation ist keine Krankheit

Wie wir bereits gesehen haben, wird die geschlechtsreife Frau unmittelbar vor der Periodenblutung in eine Art Bereitschaftszustand
versetzt. Hormonell gesteuert wandert jeden
Monat einmal ein empfängnisfähiges Ei zur
Gebärmutter. Am Körper werden dann vor-
übergehend bestimmte Anzeichen sichtbar,
wie sie auch beim Beginn einer *Schwangerschaft* auftreten.
- Die Kopfhaare werden schneller fettig,
- Pickel blühen auf der Haut,
- Gesicht, Hals, Brüste und Bauch können
leicht aufgedunsen aussehen, weil sich Flüssigkeit ansammelt,
- Kopfschmerzen und Bauchkrämpfe können
auftreten.

Alle diese Erscheinungen klingen jedoch
spätestens mit Beendigung der Periode rasch
wieder ab.

Dieser veränderte Körperzustand wirkt sich – allerdings von Frau zu Frau unterschiedlich – auch auf das seelische Befinden der Frauen aus. Sie sind dann leichter reizbar als sonst, manchmal nervös und können leicht in eine depressive Stimmung verfallen. Oft ist auch die körperliche Leistungsfähigkeit etwas beeinträchtigt.

Die genannten Begleitumstände der Periode können zwar unangenehm und lästig sein, doch keine Frau sollte sich in Selbstmitleid auflösen und aus der vorübergehenden und unvermeidlichen Beeinträchtigung eine große Sache machen. Die Menstruation ist keine Krankheit, und nur in gelegentlichen Ausnahmefällen müssen Mädchen deswegen auf die Teilnahme am Sport oder gar am Unterricht verzichten. Die Monatsblutung gehört also zum normalen Leben jeder geschlechtsreifen und gesunden Frau. Sie begleitet alle Frauen bis ins Alter von etwa 45 bis 55 Jahren. Junge Mädchen, die über die natürlichen Zusammenhänge informiert sind, werden dann auch nicht erschrecken, wenn sie eines Tages zum ersten Mal ihre Periode bekommen.

Nicht alle Mädchen bekommen im gleichen Alter ihre erste Periode. Man weiß, daß Erbfaktoren, Ernährung und Klima eine Rolle dabei spielen, ob die erste Regelblutung früher oder später auftritt. Bei uns in Mitteleuropa bekommen die meisten Mädchen ihre erste Menstruation zwar im Alter von etwa 12 Jahren, aber wenn sie zwei bis drei Jahre früher oder später eintrifft, ist das kein Grund zur Beunruhigung.

Ingrid: »Als ich sechzehn Jahre alt geworden war, hatte ich immer noch keine Menstruation gehabt. Bei allen meinen Freundinnen, mit denen ich darüber geredet hatte, war es schon passiert. Da war ich sehr beunruhigt und habe mich schließlich meiner Mutter anvertraut. Die hat gesagt, daß ich mal zum Frauenarzt gehen sollte. Der konnte aber nichts Ungewöhnliches feststellen und hat gemeint, ich solle in einem halben Jahr wieder kommen. Sechs Wochen später war es dann doch soweit, und ich war sehr froh darüber.«

Ist ein Mädchen schon älter als 15 und hat ihre erste Blutung noch nicht gehabt, sollte sie vorsichtshalber einen Arzt aufsuchen. Der kann in einer schmerzlosen Untersuchung feststellen, ob irgendetwas unternommen werden muß, um die Menstruation auszulösen. In seltenen Fällen hat das Jungfernhäutchen, das sich am Scheideneingang befindet, keine Öffnung, durch die das Menstruationsblut austreten kann. Hier kann mit einem kleinen harmlosen Eingriff Abhilfe geschaffen werden. Es ist aber auch möglich, daß die Periode ausbleibt, weil die hormonelle Umstellung des Körpers noch nicht stattgefunden hat. Dann kann der Arzt durch die Gabe von entsprechenden Sexualhormonen eine Normalisierung bewirken.

Der Samenerguß

Nächtliche Überraschung

Wie für die Mädchen die Menstruation, so gibt
es auch für Jungen ein untrügliches Signal,
das den Eintritt der Geschlechtsreife anzeigt.

Martin: »Ich erinnere mich noch genau, wie es
war. Eines nachts bin ich aufgewacht und
spürte ein eigenartig klebriges Zeug auf meinem Bauch. Mein Glied war steif und ich fühl-
te mich ziemlich aufgewühlt, wie nach einem
unguten Traum. Als ich mir die Sache bei
Licht betrachtete, sah ich, daß das feuchte Gefühl von einer weißlichen Flüssigkeit kam. Da
wußte ich, das muß Samen sein, denn ich hatte schon davon gelesen, daß Jungen in meinem Alter nachts manchmal Samenergüsse
haben.«

Martin ist eine ganz normale Sache passiert.
Wenn beim Jungen im Pubertätsalter bestimmte Sexualhormone wirksam werden, kommt es
zu den bereits angesprochenen äußerlich sichtbaren Veränderungen. Aber auch im Inneren
tut sich was. Der Ort des Geschehens sind die
Hoden, die sich in dem runzeligen Hautsack,
der an der Wurzel des Penis hängt, befinden.
In ihnen werden beim geschlechtsreifen Mann
die Samenzellen *(Spermien)* gebildet. Diese

männlichen Keimzellen sind Träger der Erb-
eigenschaften. In ihrer Funktion für die Fort-
pflanzung entsprechen sie den Eizellen der
Frau. Aus der *Befruchtung* – der Vereinigung
von Samenzelle und Ei – entsteht neues Leben, das über das in den Keimzellen gespei-
cherte Erbgut Merkmale und Eigenschaften
von beiden Elternteilen erhält.

Ist eine Eizelle schon sehr klein – sie hat
die Form einer Kugel und einen Durchmesser
von ca. 1 mm –, so erscheint eine Samenzelle
selbst im Vergleich dazu unvorstellbar winzig.
Sie hat eine längliche Gestalt mit einem runden Köpfchen und einem schmalen Schwanz-
teil, ähnlich einer Kaulquappe, und mißt in
der Länge nur etwa 0,055 mm, ist also nur
so groß wie ein Zwanzigstel einer Eizelle. Die
milchig klebrige Flüssigkeit, die beim Erguß
stoßweise aus der Harnröhre gepumpt wird,
besteht aus Samenzellen und Samenflüssigkeit. Die Flüssigkeit wird in der Vorsteherdrüse
(Prostata) gebildet. Eine Samenausschüttung
besteht zu über 90% aus dieser Flüssigkeit,
in der bis zu 250 Millionen Samenzellen
schwimmen.

Jeder Junge weiß aus eigener Erfahrung,
daß die Hoden sehr empfindlich sind: Unsanf-
te Berührungen oder Stöße, die beim Sport
oder bei Rangeleien manchmal unbeabsichtigt

vorkommen, sind sehr schmerzhaft. Man(n) fragt sich, warum die Natur scheinbar so unklug war und so sensible Organe nicht geschützt ins Körperinnere eingebettet hat. Doch die Verlegung der Hoden nach außen hat durchaus ihren Sinn. Die in ihnen gebildeten Samenfädchen sind nämlich so temperaturempfindlich, daß sie die normale menschliche Körpertemperatur von etwa 37 °C nicht aushalten. Die Außenlage gewährleistet dagegen eine niedrigere, verträgliche Temperatur. Der Hodensack kann diesen Kühleffekt sogar durch Zusammenziehen beziehungsweise Ausdehnen zusätzlich regulieren. Das kann jeder Mann an sich beobachten, der nackt in ein kaltes Zimmer geht: Der Sack schrumpft zusammen und zieht damit die Hoden an den warmen Körper heran. In warmer Umgebung dehnt er sich dann sofort wieder aus.

In der Regel wandern die Hoden schon vor der Geburt in das Hautsäckchen. Es kommt aber gelegentlich vor, daß ein oder beide Hoden im Körperinneren bleiben. Ein Junge, der das feststellt, sollte sofort mit seinen Eltern sprechen, damit sie mit ihm einen Arzt aufsuchen. In diesem Fall ist es nämlich wichtig, daß die Behandlung *rechtzeitig*, das heißt noch *vor* Beginn der Pubertät, stattfindet.

Ein Steifer – wie kommt's?

Holger: »Ein Mädchen aus meiner Klasse hat mich vor kurzem zu ihrer Geburtstagsparty eingeladen. Dort habe ich zum ersten Mal ihre Schwester gesehen und war sofort in sie verliebt. Anscheinend habe ich ihr auch gleich gefallen, weil sie den ganzen Abend nur mit mir getanzt hat. Bei den langsamen Schmuseliedern hat sie sich ganz eng an mich gedrückt und ich habe jedesmal einen Steifen bekommen. Ich habe versucht, dagegen anzukämpfen und sie etwas von mir weggeschoben, weil ich nicht wollte, daß sie oder die anderen etwas merken. Aber sie hat mich immer

wieder zu sich herangezogen. Ich habe sogar den Verdacht, daß sie es absichtlich getan hat. Mir war das schon ziemlich peinlich, daß ich mich nicht besser im Griff hatte.«

Die Gliedversteifung, auch *Erektion* genannt, ist die normale Folge *sexueller* Erregung. Holger braucht das also überhaupt nicht peinlich zu sein, denn er hat in der beschriebenen Situation wie jeder Mann im geschlechtsreifen Alter reagiert. Es läßt sich zwar nicht leugnen, daß ein erigierter Penis in diesem Zustand, bei eng anliegenden Hosen, eine sichtbare Beule hervorruft, aber die anderen Partygäste waren vermutlich viel zu sehr mit sich selbst beschäftigt, um auf so etwas zu achten. Seiner Tanzpartnerin hat es jedenfalls nichts ausgemacht. Im Gegenteil, es schien ihr sogar zu gefallen, daß sie ihn so stark erregen konnte. Wie aber ist das möglich, daß der Penis, der im Normalzustand klein und weich vor den Oberschenkeln herumbaumelt, sich in kürzester Zeit so stark vergrößert und steif wird? Das anatomische Geheimnis der Erektion besteht darin, daß das Glied der Länge nach von drei Strängen, den *Schwellkörpern*, durchzogen ist. Diese bestehen aus einem schwammartigen Gewebe. Ist ein Mann in erotischer Stimmung, wird, als körperliche Reaktion dieses seelischen Erregungszustandes, Blut in die Schwellkörper gepumpt. Prall gefüllt, verleihen sie dem Penis seine Steifheit, die erst nach dem Samenerguß – oder wenn der sexuelle Anreiz sich vorzeitig verflüchtigt – wieder abklingt. Die Neigung, bei »reizvollen« Anlässen sehr prompt eine Erektion zu bekommen, ist gerade im Jugendalter stark entwickelt. Mit zunehmendem Alter und mehr Erfahrung in Liebesangelegenheiten läßt diese gesteigerte Erregbarkeit nach.

Bernd: »Fast jeden Morgen, wenn ich aufwache, ist mein Pimmel ganz steif. Ich schleiche jedesmal auf die Toilette, damit das keiner mitbekommt. Nach dem Pinkeln ist es aber

Dadurch staut sich das Blut in den Schwellkörpern und es entsteht die sprichwörtliche »Morgenlatte«, die jedoch nach dem Entleeren des Harnes wieder verschwindet.

Hygiene: Auch der Penis braucht Wasser

An dieser Stelle sollen ein paar Worte zum Thema *Körperpflege* gesagt werden. Zum sogenannten *Intimbereich* beim Mann gehören das Glied, der Hodensack und die Schamhaare! Diese Stellen werden ganz normal gewaschen, das heißt sie werden ebenso häufig und gründlich behandelt wie andere Körperteile auch. Es ist also falsch zu glauben, die Geschlechtsteile seien ein Sonderfall. Wem schon als Kind in der Sauberkeitserziehung eingetrichtert wurde, daß man sich »da unten herum« so wenig wie möglich anfassen solle, weil diese Körperpartie »unanständig« oder »ekelhaft« sei, dem kann die unbefangene, natürliche Einstellung zu seinen Geschlechtsteilen leicht verloren gehen. Als Folge wird dann meist entweder mit übertriebener Gründlichkeit vorgegangen oder das Saubermachen kommt aus falscher Scheu zu kurz.

Zunächst werden Penis und Hodensack mit Wasser und Seife abgewaschen. Ist die Seife wieder weggespült, zieht man die *Vorhaut* zurück, so daß die *Eichel* ganz frei liegt. Dieser Bereich wird lediglich mit warmem Wasser gründlich gereinigt und anschließend mit dem Handtuch gut abgetrocknet. Dabei soll vor allem das *Smegma*, eine cremeartige, gelblichweiße Substanz, die sich unter der Vorhaut ständig neu bildet, entfernt werden. Diese besteht hauptsächlich aus Talgabsonderungen der Haut und dient als natürliches »Schmiermittel« zwischen Eichel und Vorhaut. Sie muß aber beim Waschen entfernt werden, weil sie sich sonst zusammen mit abgestorbenen Hautzellen in der Furche unterhalb der Eichel ablagert und zersetzt. Das riecht dann nicht nur

gleich wieder vorbei. Ist da irgendetwas nicht normal bei mir? Kann es sein, daß ich jede Nacht sexuelle Träume habe, ohne etwas davon zu merken?«

Selbstverständlich geistern im Schlaf manchmal Erinnerungen an erfolgreiche Liebesabenteuer oder wirre Phantasien von unerfüllten sexuellen Wünschen durch unser Unterbewußtsein. Diese im Kopf stattfindenden Erlebnisse haben, während wir träumen, im Unterleib genau die gleichen Folgen wie im Wachzustand: Der Penis spricht auf die Erregung an und versteift sich. Es kann, wie bei Martin, sogar zum Samenerguß kommen. Man spricht daher auch von »feuchten Träumen«.

Hinter dem Phänomen, das Bernd allmorgendlich vor seiner Familie zu verbergen versucht, steckt jedoch eine ganz andere, natürliche Ursache. Während der Nachtruhe füllt sich durch die Tätigkeit der Nieren die Harnblase. Ist sie prall gefüllt, drückt sie auf die Adern, über die der Penis durchblutet wird.

übel, sondern es kann auch zu juckenden Entzündungen kommen. Beim Waschen der Eichel sollte auf Seife verzichtet werden, weil diese Laugen enthält, die den Nachteil haben, daß sie das Wachstum von Mikroorganismen (Bakterien, Pilze) begünstigen.

Bei manchen Jungen ist die Vorhaut so eng, daß sie sich nicht oder nur unter Schmerzen über die Eichel zurückziehen läßt. In so einem Fall ist ein Besuch beim Arzt ratsam. Er entfernt unter örtlicher Betäubung ein Stückchen der Vorhaut und das Problem ist beseitigt. Diese kleine Operation ist völlig schmerzlos. Wird dagegen nichts gegen diese vom Mediziner als *Phimose* bezeichnete Vorhautverengung unternommen, kann es zu einer Entzündung der Eichel kommen, die sehr schmerzhaft ist.

Was versteht man unter Beschneidung?

Beschneidung ist die operative Entfernung der gesamten Vorhaut am Penis. Bei einigen Völkern wird diese Praktik schon im frühen Kindesalter als religiös geprägtes Ritual vollzogen.

Zeitweise ist die Beschneidung auch bei uns in die Diskussion gekommen, weil es Vermutungen gab, daß die Entfernung der Vorhaut hygienischer sei und die Gefahr von Peniskrebs verringere. Doch alle bislang zu diesem Thema durchgeführten wissenschaftlichen Untersuchungen ergaben keine eindeutigen Vorteile, die für eine Beschneidung sprechen.

In folgenden Fällen muß ein Junge unbedingt zu einem Arzt:

➡ Wenn ein oder beide Hoden im Hodensack fehlen, soll man auf jeden Fall noch vor dem Einsetzen der Pubertät in Behandlung!

➡ Wenn eine Verengung der Vorhaut vorliegt.

➡ Wenn eine Gliedversteifung längere Zeit anhält und nicht verschwindet, obwohl der Junge Schmerzen hat und auch in keinem geschlechtlichen Erregungszustand ist.

Die Selbstbefriedigung

Das gibt es schon von Kindheit an

Bettina: »Als Kind hatte ich ein schönes hölzernes Schaukelpferd, das schon meinem Großvater gehört hatte. Ich erinnere mich genau, daß ich es vor ein paar Jahren, als ich schon ein bißchen »zu groß« dafür war, dennoch gerne benutzte. Ich empfand durch die Schaukelbewegung ein wonniges Gefühl im Unterbauch. Meine Mutter hat zwar manchmal gemeint, das arme Pferdchen werde wohl bald unter mir zusammenbrechen, weil ich zu schwer sei, hatte sich aber sonst wohl auch nichts weiter dabei gedacht.«

Bettinas Erlebnis ist nicht ungewöhnlich. Sie hat auf ihre Weise entdeckt, was viele Kinder schon in einem sehr frühen Alter bemerken: Das Herumspielen an den Geschlechtsteilen löst lustvolle Empfindungen aus. Die Eltern, sofern sie überhaupt etwas davon mitkriegen, ignorieren das häufig schon deswegen, weil sie sich nicht vorstellen können oder wollen, daß ihre lieben Kleinen dabei schon so etwas wie sexuelle Gefühle haben können. Meistens haben sie die Erinnerung an die eigenen »Doktorspielchen« ihrer jungen Tage vollkommen aus ihrem Gedächtnis verdrängt. Ob man auf die sexuell erregbaren Zonen des Körpers schon als Kind oder erst später, zum Beispiel als Jugendlicher in der Pubertät, stößt, spielt für die weitere Entwicklung keine besondere Rolle. Hat die körperliche Geschlechtsreife jedoch eingesetzt, verspüren alle Menschen einen zunehmenden Drang, ihre sexuellen Bedürfnisse auch auszuleben.

Die bei beiden Geschlechtern unterschiedliche Gestalt der Geschlechtsorgane täuscht auf den ersten Blick darüber hinweg, daß sie im Grunde genommen Ähnlichkeiten aufweisen. Jeder weiß aus seiner Erfahrung, daß die rosafarbene Haut an den Geschlechtsteilen auf Berührungsreize sehr empfindlich reagiert. Bei den Jungen liegt die relativ unempfindliche Vorhaut schützend über der Eichel, der hochempfindlichen, in ihrer Form der Frucht der Eiche ähnelnden Spitze des männlichen Geschlechtsteiles. Bei den Mädchen wird diese Haut an den *kleinen Schamlippen* und dem *Kitzler* (auch *Klitoris* genannt) sichtbar, wenn die *äußeren Schamlippen* etwas auseinandergezogen werden.

Eine sanfte und liebevolle Berührung dieser Stellen des Körpers ist sehr angenehm und löst lustvolle Gefühle aus.

Sich selber kennenlernen – mit Phantasie

Jugendliche, bei denen der Geschlechtstrieb gerade erwacht ist, haben im allgemeinen noch keine Liebespartner. So lernt fast jeder sexuelle Lustempfindungen zuerst einmal an sich selbst und durch sich selbst kennen. Diese Art des sexuellen Erlebens ohne einen Partner nennt man *Selbstbefriedigung*. Sie wird sehr häufig auch als *Onanie* oder *Masturbation* bezeichnet. Wenn ein Junge sexuell erregt ist und deshalb onaniert, umfaßt er seinen steifen Penis an der Eichel und zieht, mit leichtem Druck reibend, die Vorhaut immer wieder über die Eichel zurück, um sie dann wieder nach vorne zu schieben. Durch diese fortgesetzte Reizung der Eichel und des gesamten Penis steigert sich das Lustempfinden immer mehr. Der Höhepunkt dieses Zustandes ist erreicht, wenn sich die Spannung wie von selbst löst und es zum Samenerguß kommt.

Mädchen können den Höhepunkt des sexuellen Lustgefühls erreichen, wenn sie sich mit den Fingern im Bereich zwischen den kleinen Schamlippen sanft massieren und besonders den Kitzler und den Bereich um den Kitzler herum streicheln. Auch der weibliche Körper reagiert auf diese Berührungsreize dadurch, daß die Schamregion stärker durchblutet wird. Der Kitzler vergrößert sich dabei

ebenfalls. Frauen können aber auch ohne Zuhilfenahme der Hände onanieren. Wie das Beispiel von Bettina gezeigt hat, genügt es schon, die Schenkel zusammenzupressen und den Ausgang der Scheide an einem geeigneten Gegenstand vorsichtig zu reiben. Doch sollten Mädchen es unterlassen, sich Gegenstände in ihre Scheidenöffnung einzuführen. Dabei besteht nämlich die Gefahr, daß es zu Verletzungen oder Entzündungen in der Scheide kommt. Für ein schönes Lustempfinden sind diese Praktiken nicht nötig. Selbstverständlich ist die Selbstbefriedigung bei Jungen und Mädchen mehr als bloße seelenlose Lusttechnik. Es steckt viel mehr dahinter.

Volker: »Als neulich meine Eltern nicht zu Hause waren, habe ich im Fernsehen einen Film angeschaut, in dem ein Liebespaar fast nackt zu sehen war. Die Bilder haben mich sehr erregt, und ich mußte auch später vor dem Einschlafen noch daran denken. Schließlich habe ich onaniert und mir dabei vorgestellt, ich wäre der Mann im Film.«

Wer sich selbst befriedigt, denkt dabei meistens an eine erotische Situation, die er/sie selbst schon erlebt hat oder sie/er läßt der Phantasie einfach freien Lauf. Man braucht sich deswegen nicht zu schämen. Das ist ganz normal und in Ordnung. Der heimliche Gedanke an den anderen oder die andere zeigt lediglich, daß man sich einen Partner wünscht, mit dem man ein sexuelles Erlebnis haben möchte. Manche suchen auch eine Anregung ihrer Phantasie in Abbildungen oder Texten mit erotischem Inhalt. Die Bandbreite dessen, was man als sexuell erregend empfindet, kann sehr groß sein und hängt von der Phantasie und den Neigungen jedes einzelnen ab.

Ein Geheimnis vor den Eltern?

Während kleine Kinder, wenn sie mit ihren Geschlechtsteilen spielen, oft völlig unbehelligt durch die Erwachsenen bleiben, kann es manchen Jugendlichen schon anders ergehen.

Peter: »Neulich bin ich schon früh ins Bett gegangen und habe noch etwas gelesen. Plötzlich überkam mich die Lust, mir mit der Hand ein kleines Vergnügen zu bereiten. Als ich schon mittendrin war, platzte überraschend meine Mutter herein. Sie hat sofort gemerkt, was läuft, starrte mich verlegen an und ging dann sprachlos

wieder aus meinem Zimmer. Es war mir selbst genauso peinlich wie ihr, obwohl ich weiß, daß meine Eltern in diesen Dingen sehr vernünftig sind und auch normalerweise ganz offen mit mir reden. Es wird wohl daran liegen, daß es eine sehr intime Situation ist. Meine Mutter ist auch am nächsten Tag nicht darauf eingegangen. Doch dann hat sie schließlich gemeint, ich solle in Zukunft besser die Tür hinter mir zuschließen, wenn ich mal wieder ›allein‹ sein wolle.«

Leider reagieren nicht alle Eltern so ruhig und verständig wie Peters Mutter. Eltern fürchten oft um die seelische Entwicklung ihrer Kinder, wenn sie solch deutliche Anzeichen erster sexueller Betätigung bemerken. Anlaß für eine besondere Aufmerksamkeit der Eltern kann aber auch schon ein verändertes Aussehen oder Benehmen ihrer Kinder sein. So harmlose Dinge, wie heimlich aufbewahrte Fotos von dem oder der Liebsten sowie handfestere Hinweise, wie verdächtige Flecken im Bettuch, können da zum Auslöser für eine verstärkte Kontrolltätigkeit werden. Es kommt dann – nach Anschleichen und Öffnen der Tür ohne Vorwarnung – zu überraschenden Besuchen

im Zimmer. In dieser Situation hat man meist wenig Ausweichmöglichkeiten. Man kann zwar die Toilette oder das Badezimmer als halbwegs ungestörten Ort ins Auge fassen, da dort das Abschließen der Tür nichts Ungewöhnliches ist. Allerdings sind diese Plätze weder besonders bequem noch angenehm. Wesentlich besser ist es natürlich, wenn man sein eigenes Zimmer hat und das auch mit dem Einverständnis der Eltern abschließen kann. Wer sich nicht sicher über die Reaktion der Eltern ist, der sollte versuchen, mit ihnen darüber zu reden. Schätzt man das aber als hoffnungsloses Unterfangen ein, kann man ja im Bedarfsfall einfach handeln und die Zimmertür abschließen. Entweder fällt es gar nicht auf, oder die Eltern merken, daß man neuerdings ein Bedürfnis nach Intimsphäre verspürt, das sie nach einer gewissen Gewöhnungszeit weitestgehend akzeptieren und verstehen, erst recht, wenn sie sich an die Nöte ihrer eigenen Jugendzeit erinnern. Es gibt aber auch Eltern, die aus Unwissenheit darüber, ob ihre Kinder »das da« schon machen sollten, unsicher sind oder gerade die Erinnerung an die eigene Jugendzeit verdrängt haben, so daß sie ihren Kindern diese Intimsphäre nicht zugestehen wollen. Dazu kommt, daß manche immer noch verschwommene Theorien im Kopf haben, nach denen Onanieren bei Jugendlichen auf die körperliche, geistige oder moralische Entwicklung ungünstige Einflüsse haben könnte. Heute noch geistern Geschichten herum, in denen furchterregende Krankheiten als Folge von Selbstbefriedigung wie der Teufel an die Wand gemalt werden. Meist sind die Eltern und Erwachsenen, die so etwas an ihre Kinder als Mahnung oder Drohung weitergeben, in ihrer Jugend auf die gleiche Weise terrorisiert worden. Die Angst, die ihnen mit diesen Geschichten damals gemacht wurde, ist bei ihnen hängengeblieben, weil sie sich nie informiert haben oder nicht informieren konnten, ob diese schauerlichen Vorhersagen auch tatsächlich eintreffen.

Ist Selbstbefriedigung schädlich?

In früheren Jahrhunderten, als Naturwissenschaft und Medizin noch nicht so weit entwickelt waren, um die wirklichen Ursachen aller möglichen Erscheinungen richtig zu erklären, gab es viele Spekulationen, die uns heute lächerlich erscheinen. Vielen Krankheiten wurden damals häufig aus Unwissenheit irgendwelche Ursachen angedichtet, die tatsächlich aber in keinem Zusammenhang mit ihnen stehen. So glaubte man, Malaria (mal = schlecht, aria = Luft) werde von üblen Ausdünstungen der Erde hervorgerufen. Heute weiß man, daß es sich um eine Infektionskrankheit handelt, die von einem einzelligen Organismus, der sich im menschlichen Blut vermehrt, ausgelöst und in den tropischen Regionen der Erde durch eine dort beheimatete Stechmücke übertragen wird. Man könnte ein ganzes Buch mit solchen Beispielen füllen, die zeigen, daß die Menschen vergangener Zeiten zwar eifrig bemüht waren, Ursachen für ihnen unerklärliche Phänomene zu finden, doch nur relativ selten den wahren Grund eines Naturereignisses oder einer Krankheit erklären konnten. Die Geschichte der Wissenschaft zeigt außerdem, daß die Wahrheit, einmal gefunden, nicht selten zunächst große Schwierigkeiten hatte, vom Großteil der Menschen als solche auch anerkannt zu werden. Oft haben Pioniere der Medizin ihre neuen Erkenntnisse mit gefährlichen Experimenten an ihrem eigenen Körper bewiesen und dadurch die Neider und Zweifler widerlegt. Auch mit all dem Aberglauben und Unsinn, der zum Thema Onanie schon geschrieben wurde, könnte man eine kleine Bibliothek füllen. Die früher allgemein übliche moralische Ablehnung der Selbstbefriedigung hat manchen allzu frommen Menschen dazu angestachelt, sich in seiner Phantasie die schlimmsten Dinge auszumalen. So kamen jene Lügen in die Welt, die besagen, daß man durch Onanie

unter anderem zum körperlichen Krüppel, zum Geisteskranken oder zum Triebverbrecher werden müsse. Alle Menschen, die an die Autorität der Pfarrer und Ärzte, die solchen Horror in Umlauf brachten, glaubten, bekamen Angst um ihre Kinder. Sie bemühten sich deshalb, ihre Kinder vor den vermeintlichen Übeln zu schützen, und ersannen oft wahre Folterinstrumente, die ihren Kindern die Lust, am eigenen Körper herumzuspielen, verderben sollten. Die noch immer verbreitete Auffassung, Onanie könne besonders für Jugendliche nicht ganz ungefährlich sein, ist ein Relikt aus früheren Zeiten. Die Formen der Unterdrückung dieses »Lasters« sind heutzutage nicht mehr so streng wie noch vor hundert Jahren, denn die moderne Wissenschaft hat inzwischen alle diese Märchen widerlegt. Auch die christlichen Kirchen haben mittlerweile bei der Beurteilung der Onanie tolerantere Ansichten als damals. Doch für sie bleibt die Selbstbefriedigung eine Sünde, die unter das 6. Gebot fällt, und religiös gebundene Jugendliche müssen sich mit dieser Forderung nach Verzicht auseinandersetzen, d. h. eine eigene Entscheidung treffen.

Doch zurück zur Frage, ob Selbstbefriedigung gefährlich ist.

Wenn Onanieren wirklich die schlimmen Folgen hätte, die ihm angedichtet wurden und zum Teil noch werden, müßte die überwiegende Mehrheit im Siechtum dahinvegetieren. Untersuchungen in neuerer Zeit haben erwiesen, daß etwa 90 % der Männer und 70 % der Frauen sich regelmäßig oder wenigstens gelegentlich selbst befriedigen. Aber schon bei Jugendlichen ist diese Praxis sehr gebräuchlich, wie folgende Statistik des Bundesministeriums für Jugend, Familie, Frauen und Gesundheit (BMJFFG) zeigt:

Jugendliche, die schon onaniert haben		
Alter	Jungen (%)	Mädchen (%)
14	61	21
15	64	29
16	77	41
17	82	42

Die in der Tabelle aufgeführten Zahlen sprechen eine deutliche Sprache.

Es besteht also keine Veranlassung für junge Menschen, zu denken, sie wären die große Ausnahme, wenn sie dem ständigen Verlangen ihres Körpers nach sexueller Betätigung nicht widerstehen können.

Stephanie: »Eigentlich geniere ich mich sehr, überhaupt davon zu sprechen. Seit ich damit angefangen habe, kommt mein Bedürfnis danach regelmäßig wieder und ich kann dem Verlangen einfach nicht widerstehen. Lange Zeit habe ich mich dabei sehr gequält, weil ich gedacht habe, das kann nicht normal und gut für mich sein. Zumindest meinte ich, daß ich es vielleicht zu oft mache. Erst als ich dann in einer Zeitschrift gelesen habe, daß es eher die Regel als die Ausnahme ist, ist eine große Last von mir gefallen.«

Kann man zu oft onanieren? Die Frage nach dem richtigen Maß ist nicht pauschal mit einer bestimmten Zahl zu beantworten. Intensität und Häufigkeit der natürlichen Regungen des Geschlechtstriebes sind nicht bei jedem Menschen gleich ausgeprägt. Dazu kommt aber auch, daß man für gewöhnlich den lieben langen Tag eine Menge anderer Dinge zu tun hat, als ständig auf seine Triebwünsche zu achten oder ihnen jederzeit nachzugeben. Wie oft wir unseren sexuellen Bedürfnissen nachgeben *wollen*, hängt nur von uns ab, ist unsere freie Entscheidung. Ob man immer kann,

wenn man will, ist eine andere Sache. Denn wie beim Hunger, der für einen gewissen Zeitraum durch eine Mahlzeit gestillt ist, folgt dem sexuellen Höhepunkt, in dem die Selbstbefriedigung gipfelt, eine längere Phase des Gefühls der Befriedigung. Der Körper verordnet sich sozusagen selbst eine Erholungsphase, in der man keine sexuelle Lust mehr verspürt.

Eine spezielle Sorge, die heranwachsende junge Männer nicht selten beschäftigt, ist die Frage, wie lange der Samen reicht.

Fritz: »Ich habe das nämlich oft betrieben, bis mir eines Tages ein Freund gesagt hat, daß man aufpassen müsse, daß man nicht zuviel Samen verschwendet, bevor man verheiratet ist und Kinder will, denn mit dem Alter würde es immer weniger und wenn man sich in seiner Jugend nicht zurückgehalten hat, kann man später unfruchtbar werden. Das hat mich richtig schockiert. Erst später hat mir jemand gesagt, daß das Quatsch ist, und ich habe es dann auch in einem Medizinlehrbuch nachgelesen. Dort stand, daß der Samen in den Hoden ständig neu gebildet wird. Man hat also keinen Vorrat mit dem man sparsam haushalten müßte, weil er sonst vorzeitig verbraucht sein könnte.«

Also nicht kopfscheu machen lassen. Ein körperlich gesunder Mann ist bis ins hohe Alter zeugungsfähig, egal wieviel Samen er vorher in seinem Leben schon »verbraucht« hat. Es gibt sogar Hinweise darauf, daß bei sexuell aktiveren Männern die Samenproduktion länger anhält als bei denen, die sich besonders zurückhalten.

Renate: »Ich habe seit vier Monaten einen Freund, der ist sehr süß, aber auch etwas schüchtern. Er schmust wie ein Verrückter, geht aber nie weiter. Nur gelegentlich beim Tanzen reiben wir uns aneinander, daß mir ganz heiß und kalt wird. Wenn ich dann abends im Bett an diese Augenblicke denke, onaniere ich und es ist wunderschön.«

Onanie kann ein Ersatz für die sexuelle Betätigung mit einem Partner sein. Sie ist aber auf keinen Fall eine bloße Ersatzbefriedigung von minderem Wert, sondern hat vielmehr ihren *gleichrangigen Platz* neben dem Sex mit einem Partner, weil sie Abwechslung in das Geschlechtsleben zu bringen vermag.

Für Jungen und Mädchen kann die Selbstbefriedigung ein Ventil in dem Sinne sein, als sie ihnen hilft, ihren Geschlechtstrieb auszuleben, solange sie noch keinen festen Liebespartner haben. Die Onanie ist aber nicht nur Selbstbefriedigung, sondern auch *Selbsterforschung*. Bei ihr lernen Jugendliche die Reaktionen ihres eigenen Körpers auf sexuelle Reize kennen und können auch zum ersten Mal bewußt das Erlebnis der Lustlösung, *Orgasmus* genannt, erfahren. Beim Mann fällt dieser Gipfel der Lustempfindungen zeitlich praktisch immer mit dem Samenerguß, der *Ejakulation*, zusammen. Er äußert sich durch wohlige Schauer, die den ganzen Körper durchrieseln, und die sexuelle Anspannung klingt in einem befreienden Entspannungszustand aus. Bei der Frau tritt die gleiche angenehme Empfindung auf, wobei sich mit dem Beginn des Orgasmus die Scheide, die von kleinen Muskeln umgeben ist, mehrmals hintereinander ruckartig zusammenzieht. Zum Orgasmus kann man durch Onanieren, Petting und Geschlechtsverkehr gelangen.

Schwierige Annäherung

Schüchternheit ist kein Geburtsfehler

Andreas: »In der Klasse unter mir ist ein Mädchen, das mir schon lange gut gefällt. Sie heißt Carmen und ist ziemlich umschwärmt von den Jungens und hat auf mich immer einen sehr unnahbaren Eindruck gemacht. Nun habe ich sie im Schwimmbad getroffen und näher kennengelernt. Sie war sehr nett und aufgeschlossen und ist noch mit mir ins Café ein Eis essen gegangen. Jetzt bin ich sehr hoffnungsvoll, daß sie meine Freundin werden könnte. Ich weiß bloß nicht, was ich jetzt tun soll, damit es auch klappt. Manchmal sinniere ich vor mich hin und male mir verschiedene Situationen aus, bei denen wir uns treffen, uns unsere Liebe füreinander gestehen und uns dann ganz glücklich umarmen.«

Der Wunsch, mit einem anderen vertraut und zärtlich zusammenzukommen, ist der Anfang einer sehr wichtigen Entwicklungsphase im Leben jedes Menschen. Für die meisten stellt es eine ganz neuartige Herausforderung dar, plötzlich aus sich heraus und auf jemand anderen zugehen zu müssen. Was Andreas nicht einmal ahnt: Carmen hat schon lange ein Auge auf ihn geworfen und sich daher vor ei-

niger Zeit mit seiner Schwester zusammengetan. Die gibt ihr Tips, wie sie Andreas unauffällig kennenlernen könnte.

Carmen: »Endlich habe ich mit Andreas gesprochen, auf den ich total geflogen bin, als ich ihn zum ersten Mal in der Schule auf dem Pausenhof sah. Alle möglichen Jungen haben mich angemacht, aber er hat höchstens mal verstohlen zu mir rübergeschaut, daß ich schon dachte, er ist vielleicht zu schüchtern oder auch uninteressiert. Jetzt haben wir uns im Schwimmbad getroffen, ›zufällig‹, wie er meint. Aber ich habe das eingefädelt, weil ich dachte, wir kommen sonst nie zusammen. Er ist überhaupt nicht so still und schüchtern, wie man auf den ersten Blick meinen könnte. Erst wirkte er noch etwas betreten, doch nach ein paar Minuten ist er aufgetaut und später in der Eisdiele hat er schon geredet wie ein Wasserfall. Ich wäre total happy, wenn er mein Freund werden würde.«

Wie das Beispiel von Carmen und Andreas zeigt, ist das Problem oft gar nicht, daß einer vergeblich den anderen liebt. Die Gefühle können schon längere Zeit auf Gegenseitigkeit beruhen, sozusagen »im Verborgenen blühen« ohne daß beide voneinander wissen.

Rolf: »So wie im letzten Urlaub ist es mir schon öfters ergangen. Da habe ich ein Mädchen kennengelernt, in das ich mich gleich heftig verliebt habe. Ich habe mich aber nicht getraut, es ihr zu sagen. Jetzt, da die Ferien vorbei sind, ärgere ich mich furchtbar, daß ich nichts unternommen habe, denn ich kann sie nicht vergessen. Meine Schüchternheit ist mir immer im Weg. Was kann ich bloß dagegen tun?«

Man sagt zwar, Selbsterkenntnis ist der erste Weg zur Besserung, aber wer weiß, daß er schüchtern ist, dem ist damit noch wenig geholfen. Allerdings, nur über sich zu jammern und sich nichts zuzutrauen, ist die sicherste Methode, immer so schüchtern zu bleiben, wie man ist. Niemand ist von Natur aus gehemmt. Wer von den Eltern oder anderen hauptsächlich mit Verboten nach der »Tue dies nicht, tue das nicht« -Methode erzogen wurde, wird unsicher und ängstlich. Wer immer eingetrichtert bekommen hat, daß man »nicht widerspricht« und »schweigt, wenn die Erwachsenen reden«, hat später Hemmungen in Situationen, in denen er für sich selbst etwas fordern muß. Wer beigebracht bekommen hat, daß man sich bei Gedanken an sexuelle Dinge zu schämen hat, wird bei Liebeserklärungen mit Zittern in den Knien und der Stimme zu kämpfen haben. Wenn man dann noch erlebt, daß andere Gleichaltrige keine Probleme damit haben, selbstbewußt aufzutreten, wenn's drauf ankommt, kann man sehr leicht mutlos werden.

Schüchternheit ist also zu einem sehr großen Teil durch ungünstige Erziehungseinflüsse bedingt. Daher muß man, um sich davon zu lösen, sich selbst umerziehen. Wovor hat man eigentlich Angst, wenn man in jemanden verliebt ist, das aber bei passender Gelegenheit weder durch Worte noch durch Taten zum Ausdruck bringen kann? Was kann schon dabei passieren? Entweder man ist bei einem »Nein« des oder der Angebeteten von der Illu-

„SOLL ICH - ODER SOLL ICH NICHT?"

sion befreit, die Gefühle würden erwidert, oder man weiß endlich, daß man selbst geliebt wird. Aber bloß, weil man auch einen »Korb« bekommen könnte, sollte man sich nicht dauernd vor der Stunde der Wahrheit drücken. Manche Menschen denken jedesmal, wenn sie ein Liebesgeständnis machen wollen: Vielleicht ist der Zeitpunkt schlecht gewählt, eventuell sollte ich es noch einmal verschieben, oder sie lassen sich tausend andere Dinge einfallen, die gegen ein Geständnis zum jetzigen Zeitpunkt sprechen. Wer sich auf diese oder ähnliche Weise dauernd etwas vormacht und sich immer wieder drückt, bringt sich selbst um die Möglichkeit, daß seine Liebe erwidert werden kann. Denn es kann dem anderen auch mit der Zeit zu dumm werden, wenn er/sie nie gefragt wird, und er/sie sucht sich eine(n) andere(n).

Also: Anstatt ewig still vor sich hin zu schmachten, mal was riskieren! Nur wer fragt, kann auch ein Erfolgserlebnis für sich verbuchen, und nur wer Erfolge hat, wird seine Schüchternheit im Laufe der Zeit verlieren.

Mädchen müssen nicht geduldig warten

Ines: »Es wäre mir erst nie eingefallen, einen Jungen von mir aus anzusprechen und ihm zu sagen, daß er mir gefällt. Aber dann gab es letzten Sommer mal eine heiße Debatte mit ein paar Freundinnen zu diesem Punkt. Eine von uns hat die Meinung vertreten, daß es eigentlich blöd ist, wenn nur die Jungen uns ansprechen und wir Mädchen immer brav warten sollen, bis einer den Mund aufmacht. Mir hat das eingeleuchtet und ich hab' es auch tatsächlich bald darauf versucht. Der Typ war erst vielleicht verdattert, als ich ihm sagte, daß ich ihn liebe. Aber dann fand er es ganz prima, daß ich so mutig war. Heute sind wir eng befreundet.«

Ines und ihre Freundinnen sind da auf eine sehr wichtige Sache gestoßen. Obwohl sich Mädchen heutzutage im allgemeinen schon mehr trauen als früher, halten sich doch noch viele an die überkommene Spielregel, daß die Initiative vom Mann ausgehen soll. Wenn sie ihren Gefühlen freien Lauf lassen und wissen wollen, was ihr Angebeteter von ihnen hält, kommen sie unter Umständen in Konflikt mit der traditionellen Vorstellung, daß sich das für ein »anständiges« Mädchen nicht gehört. Es besteht aber heutzutage kein Grund mehr, Angst vor der eigenen Courage zu bekommen, denn warum sollten Mädchen nicht genauso ihre Vorliebe für einen gewissen Jungen zum Ausdruck bringen dürfen, wie das im umgekehrten Fall sogar erwartet wird? Warum sollten sie nicht die Sache in die Hand nehmen, wenn sie merken, daß ihr »Prinz« vielleicht etwas schüchtern ist?

Daß der Mann aktiv und die Frau passiv zu sein hat – diese Zeiten sollten nun endgültig vorüber sein.

Frech und rücksichtslos – das Erfolgsrezept?

Selbstverständlich gibt es nicht nur schüchterne Zeitgenossen. Viele finden nichts dabei, anderen mitzuteilen, was sie für sie empfinden. Das ist gut so. Es kann die anderen anspornen, dem Beispiel nachzueifern.

Silvio: »Mein Freund ist ein ziemlicher Frauentyp. Auf ihn fliegen immer die hübschesten Mädchen, wenn er irgendwo auf einer Fete

ICH LIEBE DICH!

lich gar nicht so viele Mädchen von den Typen begeistert, die sich immer als Pascha aufführen. Es kann auch durchaus sein, daß sie über das »Vorleben« ihres Verehrers so einiges gehört und keine Lust hat, sich nach einer kurzen Affäre in seine »Trophäensammlung« einreihen zu lassen. Schließlich und endlich aber darf man nicht vergessen, daß die Geschmäcker bekanntlich sehr verschieden sind. Nicht jeder Junge muß jedem Mädchen gefallen und umgekehrt – und seien sie nach allgemeinem Urteil auch noch so attraktiv.

Es ist übrigens charakteristisch für jüngere Jugendliche, daß sie dem Aussehen die größte Bedeutung beimessen. Mit der Zeit ändert sich das meist und andere Gesichtspunkte bekommen bei der Partnerwahl mehr Gewicht. Man ist dann nicht mehr auf eine bestimmte Haarfarbe oder ähnliches fixiert. Mehr als Körpermerkmale zählen dann gemeinsame Interessen und Ansichten, ob man dem anderen vertrauen kann und seine charakterlichen Eigenschaften schätzt. Es sollte also niemand, wenn er/sie zurückgewiesen wird, das gleich auf das eigene Aussehen beziehen. Manche denken allzu schnell, in sie verliebt sich nie jemand, weil sie nicht dem Idealbild des eigenen Geschlechts entsprechen. Doch schaut man sich mal auf der Straße mit offenen Augen um, kann man eigentlich selbst draufkommen, daß so etwas Quatsch ist. Nur wenige, die da verliebt Hand in Hand daherspazieren, entsprechen dem gängigen Bild vom »Traummann« und der »Traumfrau«. Es zählt eben nicht nur die Fassade.

aufkreuzt. Aber vor ein paar Wochen, als unser Tanzkurs angefangen hat, ist er fast ausgeflippt. Da war eine, die wollte einfach nichts von ihm wissen, so sehr er sich auch bemühte. Jetzt ist er ziemlich geknickt und fragt mich dauernd, was ich glaube, warum sie nicht anbeißt. Ich könnte mir vorstellen, daß sie ihn vielleicht zu überheblich findet oder ihm sein Ruf als Casanova schon vorausgeeilt ist. Aber das sage ich ihm natürlich nicht, sonst ist er beleidigt.«

Silvios Freund ist offensichtlich vom Erfolg verwöhnt, was das andere Geschlecht angeht. Er fällt daher aus allen Wolken, wenn mal eine nicht so auf ihn anspricht, wie er es gewöhnt ist. Möglicherweise ist ihr Herz schon besetzt und sie liebt einen anderen. Vielleicht findet ihn das Mädchen durchaus äußerlich genauso attraktiv, wie anscheinend viele andere, ist aber durch sein allzu forderndes und siegesgewisses Auftreten abgeschreckt. Es sind näm-

Vanessa: »Letztes Wochenende auf einer Geburtstagsfete meiner Freundin lernte ich einen Jungen kennen, der mir sofort gut gefiel. Wir haben miteinander getanzt und auch ein bißchen geschmust. Dabei waren wir, ohne daß ich es richtig merkte, in einer dunklen Ecke des Gartens gelandet. Da griff er mir plötzlich unter die Bluse und wollte meinen BH runterziehen. Ich war so überrascht, daß ich mich

SCHAU MIR IN DIE AUGEN, KLEINES!

SPINNT DER TYP?

von ihm losriß und sagte, er solle das lassen. Da hat er mich wieder gepackt und ziemlich grob versucht, sein Ziel doch zu erreichen. Ich habe mich mit Händen und Füßen gewehrt, ihm eine geklebt und bin zurück zu den anderen gelaufen. Da hat er mir nachgerufen, auf so etwas Langweiliges wie mich könne er verzichten. Ich war so wütend, daß mir die Tränen kamen. Später dachte ich dann, daß ich vielleicht nicht so abweisend hätte sein sollen, denn eigentlich gefiel er mir sehr gut.«

Was Vanessa da erlebt hat, ist eine Konfliktsituation, in die Frauen gelegentlich von Männern gebracht werden. Man lernt jemand kennen, verbringt einen vergnügten Abend miteinander und kommt sich auf zärtliche Weise auch körperlich etwas näher. Plötzlich wird Er (seltener auch Sie) in seinem (ihrem) Verlangen etwas kühner, drängender und das geht einem selbst zu weit. Wo dabei die Grenzen sind, muß jeder für sich selbst bestimmen. Es ist auch nichts gegen denjenigen einzuwenden, der behutsam versucht, sich zu diesen Grenzen vorzutasten. Er fragt ja nur behutsam mit seiner Hand an, ob dem anderen die Lieb-

kosung gefällt, denn es ist schließlich möglich, daß der es sich gerne gefallen läßt.

Vanessas Reaktion ist vermutlich nur darauf zurückzuführen, daß sie sich überrumpelt und rücksichtslos behandelt vorkam. Unter anderen Umständen hätte sie möglicherweise gar nichts gegen weitergehende Liebkosungen des Jungen gehabt.

Allerdings sind solche überfallartigen Angriffe, wie in der Geschichte von Vanessa, fehl am Platze, weil dem Partner kaum Zeit gegeben wird, sich auf die Situation einzustellen. Niemand läßt sich gerne überrumpeln. Der Gipfel aber ist, daß der Bursche weiterhin zudringlich geblieben ist, nachdem sie ihm deutlich zu verstehen gab, daß sie seine Fummelei nicht mag. Das ist pure Rücksichtslosigkeit und durch nichts zu entschuldigen.

Der erste Kuß

Das Empfangen von Zärtlichkeiten gehört neben der Nahrungsaufnahme vom ersten Tag an zu den lebenswichtigen Dingen, die ein Säugling für seine Entwicklung braucht. Wenn das Kind älter wird, verläßt es diese Einbahnstraße, das heißt, es ist dann nicht nur in der Lage, Zärtlichkeiten zu nehmen, sondern auch zu geben. Das Schmusen der Eltern mit ihren Kindern und umgekehrt ist ein Ausdruck von Liebe und Zuneigung füreinander. Neben dem Streicheln und »Knuddeln« sind auch Küsse ein selbstverständlicher Bestandteil dieser Umgangsformen. Im Gegensatz zu Küssen zwischen Liebenden, sind Küsse zwischen Eltern und Kindern jedoch noch frei von erotischen Empfindungen. Natürlich ist jedem Heranwachsenden bekannt, daß es eine andere Form des Küssens gibt – eine erotische, die Liebe und Begehren ausdrückt. Es fehlt auch meist nicht an begehrten Zielen für die Lust, dem Geheimnis des Küssens auf die Spur zu kommen und erste Erfahrungen zu sammeln.

Petras erster Kuß: »Ich wollte schon lange wissen wie das ist, sich so richtig innig zu küssen. Auf einem Schulfest habe ich dann mit einem Jungen getanzt, der schon ein heimlicher Schwarm von mir war. Wir sind erst längere Zeit zur Musik herumgehopst. Als wir dann zum »Abkühlen« ins Freie gingen, hat er mich tatsächlich umarmt und versucht, mich zu küssen. Versucht! Das war gar nicht so leicht. Erstens sind wir beide Brillenträger, und da muß man sich schon ganz schön den Hals verrenken, daß man aneinander kommt. Außerdem hatten wir, wie sich später herausstellte, beide keine Erfahrung. Ich preßte meine Lippen zusammen, er machte eine Schnute wie ein Ferkel. Wir haben uns erst etwas verlegen aneinander abgemüht, dann ging´s nicht mehr, und wir mußten beide lachen.«

Solche Erinnerungen an den »ersten Kuß« haben viele. Es sind eher Geschichten zum Lachen als Erlebnisse, bei denen man dem »Geheimnis« auf die Spur gekommen ist. Besonders aufregend finden es am Anfang nur wenige. Aber eben auch das Küssen will gelernt sein. Es geht nicht darum, möglichst viel Speichel miteinander auszutauschen. Man sollte aber auch nicht so tun, als hätte der andere eine ansteckende Krankheit und die Benetzung der Lippen habe so flüchtig wie möglich zu bleiben. Lippen, Mundschleimhaut und die Zunge sind sehr reizempfindliche Körperstellen. Wenn man die Lippen des Partners zärtlich berührt, liebevoll an ihnen saugt oder durch langsame Bewegungen der Zunge kitzelt, wird er schon ein gewisses Kribbeln spüren. Die erregende Wirkung läßt sich noch steigern, wenn man sich bei der Schmuserei gegenseitig mit den Händen streichelt, umarmt und aneinanderdrückt. Wer Geschmack daran findet und keinen Rekord im Dauerstehen anstrebt, sollte dabei bequem nebeneinander oder aufeinander liegen.

Eines darf man allerdings nicht übersehen: Wer neugierig aufs Küssen ist und die erstbeste Gelegenheit ausnützen will, es mal genau zu wissen, wird leicht enttäuscht werden. Denn ohne das Gefühl, in den Kuß-Partner richtig verknallt zu sein, kann man doch gar nicht in die besondere Stimmung kommen, die das Geknutsche zwischen Verliebten so schön und aufregend macht. Es sollte also niemand auf die Idee verfallen, sich einen anderen Menschen als »Übungspuppe« auszusuchen, nur damit er vor sich und anderen ein wenig mit seinen Kuß-Erfahrungen angeben kann.

Petting – Spiel ohne Grenzen?

Küssen, Streicheln und ein bißchen mehr

Wer das Wort Petting bisher nur gehört und noch nie geschrieben gesehen hat, wird sich vielleicht schon gefragt haben, was da im Bett für ein Ding abläuft. Die Ahnung geht zwar in die richtige Richtung, aber diese Auffassung des Wortes ist eindeutig ein Mißverständnis, wie schon die Schreibweise zeigt. Petting kommt aus der englischen Sprache und ist von dem Zeitwort »to pet« abgeleitet, was so viel wie liebkosen heißt. Alle Versuche, dafür einen passenden deutschen Ausdruck zu finden, wie zum Beispiel die schauerliche Konstruktion »Reizspiele«, sind mißlungen. Wie viele andere Wörter aus fremden Sprachen ist der Begriff als Lehnwort bereits fest in unserem Sprachschatz verankert. Nur das eher umgangssprachliche Wort »Fummeln« drückt im Deutschen in etwa das gleiche aus wie »Petting«. Dabei kann man sich auch bereits denken, um was es geht. Zwei »fummeln« aneinander herum, sie betasten und streicheln sich gegenseitig am ganzen Körper, die gesamte Hautoberfläche wird zur Spielwiese für zärtliche Liebkosungen mit den Händen und dem Mund. Zum Petting gehört alles, was es an angenehmen Körperkontakten gibt, mit

denen sich zwei Verliebte Lustgefühle verschaffen können, auch die gegenseitige Reizung der Geschlechtsteile. Erst in dem Moment, in dem das Glied des Mannes in die Scheide der Frau eindringt, ist das (Vor-)Spiel mit dem Namen Petting beendet und der »eigentliche« Geschlechtsverkehr beginnt.

In der sexuellen Entwicklung Jugendlicher ist das Petting das Übergangs- und Übungsstadium zwischen der Selbstbefriedigung und dem Geschlechtsverkehr. Solange man alleine onaniert, bleibt man ganz auf sich selbst bezogen. Man kann von einem Traumpartner schwärmen, ihm in seinen sexuellen Phantasien ganz nahe kommen, ohne wirklich mit ihm Kontakt aufnehmen zu müssen. Das ist durchaus bequem und unkompliziert. Andererseits wird einen mit der Zeit doch die Neugierde packen, zu erfahren, wie das ist, wenn aus den tag- und nachtträumerischen Vorstellungen plötzlich Wirklichkeit wird. Besonders stark wird das Bedürfnis »zur Tat zu schreiten«, wenn man die Person, in die man verknallt ist, tatsächlich näher kennenlernt und auch die körperliche Annäherung schon weiter fortgeschritten ist.

Noch zu jung für Petting?

Jungen und Mädchen, die beim Tanzen, Umarmen und Küssen zum ersten Mal die dabei entstehenden prickelnden Gefühle erfahren, werden in solchen Situationen leicht unsicher. In die erregenden Empfindungen mischt sich, wenn der Partner immer aktiver wird, die zweifelnde Frage: »Geht das nicht schon zu weit?« Am bequemsten wäre es selbstverständlich, wenn es dafür eine einfache Faustregel gäbe, die sich in einer übersichtlichen Alterstabelle darstellen ließe, so nach dem Motto: Schmusen ab zehn erlaubt, Petting ab vierzehn usw. Aber so pauschal kann man das nicht festlegen, dafür ist die Entwicklung jedes einzelnen viel zu unterschiedlich. Während manche Jungen und Mädchen beispielsweise mit sechzehn Jahren noch sehr schüchtern und zurückhaltend sind, haben andere in diesem Alter schon intensive sexuelle Erfahrungen mit dem anderen Geschlecht. Daher sollte sich niemand gegen sein Gefühl zu etwas drängen lassen, weil er/sie glaubt, sonst von Gleichaltrigen, die schon sexuelle Erfahrungen haben, nicht anerkannt zu werden. Das soll natürlich auch nicht heißen, daß man sich aus Angst, zu früh »in Versuchung« geführt zu werden, gegenüber dem anderen Geschlecht abkapselt. Es ist wichtig, viele Kontakte mit anderen Jugendlichen zu suchen, denn nur so lernt man sich und andere in Gefühlen und Reaktionen einzuschätzen. Man braucht auch manchmal ein wenig Mut, einen Schritt weiter zu gehen, wenn man sich über die Ernsthaftigkeit der gegenseitigen Gefühle klar geworden ist. Man sollte sich von seinen Gefühlen leiten lassen, die einem am besten darüber Auskunft geben können, ob man einen Schritt schon vollziehen oder lieber noch etwas warten will.

Es ist eine unbestreitbare Tatsache, daß heutzutage viele Mädchen und Jungen schon recht früh sexuelle Kontakte mit dem anderen Geschlecht haben. Da sich die moralischen Anschauungen in den letzten Jahrzehnten mehr und mehr gelockert haben, spielt es inzwischen eine eher untergeordnete Rolle, ob ein Mann oder eine Frau »unschuldig« in eine feste Beziehung gehen. Die überwiegende Mehrheit der Jugendlichen befürwortet und praktiziert voreheliche sexuelle Erfahrungen. Dazu Zahlen aus der schon zitierten Studie des Bundesministeriums für Jugend, Familie, Frauen und Gesundheit.

Erfahrungen Jugendlicher mit Brustpetting (Streicheln der weiblichen Brust mit der Hand)		
Alter	Mädchen (%)	Jungen (%)
14	32	23
15	49	43
16	67	59
17	85	73

Quelle: Schriftenreihe des Bundesministers für Jugend, Familie und Gesundheit, Band 132, S. 131

MEINST DU NICHT, DU WÄRST ZU VORSICHTIG?

Erfahrungen Jugendlicher mit Genitalpetting (das heißt: Reizung des Geschlechtsteils durch den Partner)		
A. Männlich-aktive Reizung des weiblichen Geschlechtsteils:		
Alter	Mädchen (%)	Jungen (%)
14	17	12
15	28	21
16	47	40
17	73	60
B. Weiblich-aktive Reizung des männlichen Geschlechtsteils:		
Alter	Mädchen (%)	Jungen (%)
14	8	4
15	15	14
16	38	28
17	62	43

Quelle: Schriftenreihe des Bundesministers für Jugend, Familie und Gesundheit, Band 132, S. 131

Die Zahlen zeigen, daß die Mädchen zwar früher mit Petting anfangen, die Jungen dabei aber eher die aktive Rolle spielen.

Der andere Körper wird erforscht

Bei der Selbstbefriedigung bleiben die Erfahrungen auf die sexuellen Reaktionen des eigenen Körpers beschränkt. Durch Petting eröffnet sich für Jugendliche eine neue Dimension, Sexualität zu erfahren. Die körperlichen Eigenheiten des anderen Geschlechts werden erlebt. Man sieht, riecht und spürt in intimer Nähe den fremden Körper, erkundet ihn mit Händen, Lippen, Zunge und der gesamten Hautoberfläche. Was man vorher oft nur von Abbildungen in Zeitschriften und Büchern oder durch verstohlenes Beobachten kannte, wird auf einmal greifbar. Beim Petting kann man

erfahren, wie man seinen Liebespartner am besten sexuell erregt, und durch die Liebkosungen des anderen erfährt man selbst gesteigerte Formen sexueller Lust. Auch wenn die Liebesbeziehung irgendwann, vielleicht sogar enttäuschend, auseinandergeht – die sexuellen Erfahrungen kann einem keiner nehmen. Sie fließen immer in eine neue Beziehung mit ein.

Kirsten: »Als die Eltern meines Freundes nicht zu Hause waren, sind wir zu ihm gegangen. Wir haben uns ausgezogen, umarmt und am ganzen Körper gestreichelt, auch an den Geschlechtsteilen. Es war sehr schön, und wir haben beide einen Höhepunkt gehabt. Jetzt mache ich mir aber Sorgen, weil wir dabei sehr eng zusammen waren. Kann man durch Petting schwanger werden?«

Die weitestgehende Form von Petting, das sogenannte *Genitalpetting*, bezieht in die gegenseitigen Liebkosungen auch die Geschlechtsteile ein. Durch zärtliches Küssen und Streicheln am Kitzler, an den Schamlippen und am Penis können sich beide Partner bis zum Orgasmus reizen. Viele Jugendliche bevorzugen diese Form der sexuellen Befriedigung gegenüber dem richtigen Geschlechtsverkehr, weil man dabei keine besonderen Maßnahmen zur Empfängnisverhütung braucht.

Kirstens Frage nach einer Schwangerschaft durch Petting muß mit einem »unter bestimmten Umständen schon« beantwortet werden. Eine Gefahr, schwanger zu werden, besteht dann, wenn beim Petting Samen in den Bereich des Scheideneingangs oder gar in die Scheide gelangt. Das kann beispielsweise geschehen, wenn der Junge Samen an den Fingern hat und mit dieser Hand anschließend an das Geschlechtsteil seiner Freundin faßt. Oder auch wenn sich der Penis des Jungen beim Orgasmus nahe bei den Schamlippen befindet, ist nicht völlig auszuschließen, daß Samen in die Scheide gelangen kann. Man muß also

bei solchen Spielereien sehr gut aufpassen,
daß es, vor allem im Moment des Samener-
gusses, zu keiner direkten Berührung der Genitalien kommt.

Petting ist eine eigenständige Form, sich
zusammen mit seinem Liebespartner sexuelle
Lust zu verschaffen. Auch wenn es den letzten
Schritt ausschließt, darf man es nicht gering-
schätzig als Kinderspiel abtun. Es ist ein wichtiges »Übungsfeld« für Jugendliche, Erfahrungen mit dem anderen Geschlecht zu machen.
Im übrigen wird Petting als die Kunst, den
Partner schon vor dem eigentlichen Geschlechtsakt durch Liebkosungen in starke
sexuelle Erregung zu versetzen, auch von den
Erwachsenen praktiziert. Ein langes und
einfallreiches *Vorspiel* kann den Genuß des
intimen Zusammenseins wesentlich steigern
und sollte daher nicht zu kurz kommen.

Gefühle in der Krise

Sex ohne Liebe?

Es wäre weltfremd zu behaupten, Menschen könnten nur dann sexuell miteinander verkehren, wenn sie sich auch lieben. Egal, ob das häufig oder selten passiert, es kommt jedenfalls vor, daß zwei miteinander schlafen, die sich nur flüchtig kennen. Er und sie finden sich sympathisch oder auch nur körperlich attraktiv. Jeder ist sich dessen bewußt, daß er den anderen nachher wohl nie wieder treffen wird, weil man entweder an weit entfernten Orten lebt und dort vielleicht auch gebunden ist oder aus anderen Gründen auf keinen Fall fest zusammenbleiben will. Ob jemand diese Art sexueller Freizügigkeit richtig oder falsch findet, ist eine Frage des moralischen Standpunktes – da gibt es verschiedene Auffassungen. Jedenfalls gibt es Sex ohne Liebe, so wie es auch Liebe ohne Sex gibt. Das zu akzeptieren, heißt noch lange nicht, daß man es für richtig und erstrebenswert hält, jede Nacht mit einem anderen zusammen zu sein.

Philip: »Mein Cousin ist älter als ich und schon sehr erfahren. Als er das letzte Mal bei uns war, wollte er wissen, ob ich schon mit einem Mädchen geschlafen hätte. Ich habe ja gesagt, aber das war gelogen, denn ich habe mich bis-

her noch nicht getraut, meine Freundin danach zu fragen. Mein Cousin hat gesagt, er habe schon mit vielen was gehabt, aber verliebt sei er nie gewesen. Gefühle seien ›Weibersache‹. Ich habe ihm zugestimmt, mich nachher aber etwas geschämt, weil ich meine Freundin schon liebe und das eigentlich auch schön finde. Ich weiß aber nicht, ob Männer besser keine Gefühle aufkommen lassen sollen oder sie zumindest nicht so zeigen sollen wie Frauen.«

Alle, die sich wie Philip schon solche Fragen gestellt haben, sollen sich von Angebertypen nicht ins Bockshorn jagen lassen. Manche Jungen meinen, daß sie besonders gut ankommen, wenn sie den Gefühllosen spielen. Es ist aber doch ein schöner, menschlicher Wesenszug, zärtlich zu sein und seine Zuneigung auch offen zu zeigen. Seine Empfindungen zu unterdrücken oder zu verleugnen, den harten Mann oder auch die kalte Frau zu spielen, bedeutet, daß man sich selbst um den Genuß angenehm prickelnder Gefühlserlebnisse bringt. Wer schon einmal so richtig bis über beide Ohren verliebt war, wird nachempfinden können, wovon die Rede ist. Und Philip hat wohl gemerkt, daß genaugenommen mehr Mut dazugehört, seine Gefühle zuzugeben als

mit einer angeblichen Gefühllosigkeit maßlos
anzugeben.

Wenn man ineinander verliebt ist, macht
das sexuelle Zusammensein mit dem/der anderen auch bei weitem mehr Freude, denn es
ist noch eine Steigerung der innigen Verbun-
denheit, die man füreinander empfindet. Sex
ohne Liebe heißt, daß die besonderen Charaktereigenschaften und Eigenarten des anderen
nicht im Vordergrund stehen. Vielleicht spielt
gerade das Aussehen die entscheidende Rolle
für die momentane Anziehung, mehr aber
nicht. Der Junge oder das Mädchen sind dabei
ziemlich beliebig austauschbar. Es geht weniger darum, jemanden als Partner zu haben,
dem man sich anvertraut, auf den man sich in
allen Lebenslagen verlassen kann, sondern in
erster Linie um Triebbefriedigung. Allerdings
kann sich auch aus einer zunächst scheinbar
»nur« sexuellen Begegnung eine intensivere
Beziehung entwickeln.

116, 117, 118, 119, 120 . . . .

Es gibt keine Haltbarkeits-
garantie für die Liebe

Selbstverständlich denkt jede(r) frisch Verliebte
im ersten Rausch der Gefühle: »Diesmal ist es
die wahre Liebe!« Das ist bei allen Menschen
in jedem Alter gleich. Das ist auch gut und
schön so, denn es zeigt, daß man offen ist für
all die Eigenheiten, die das Wesen der anderen Person ausmachen. Man soll dann aber
auch nicht dauernd mit dem selbstquälerischen
Gedanken herumlaufen: »Liebt er/sie mich
noch?« Aber wenn es doch einmal passiert,
daß der Partner sagt: »Es ist vorbei! Ich liebe
jemand anderen«, so muß man immer wissen,
daß diese Beziehung nur *ein* – wenn auch
sehr wichtiger – Bestandteil des eigenen
Lebens ist.

Sibylle: »Als der Neue in unsere Klasse kam,
war ich sofort total verknallt in ihn. Es kam
einfach so über mich, sowas habe ich noch
nie erlebt. Auf dem letzten Schulfest habe ich
ihn jetzt näher kennengelernt, und er hat mir
gesagt, daß er auch gleich auf mich geflogen
ist, als er mich zum ersten Mal sah. Eigentlich
könnte ich total happy sein, wenn da nicht
das Problem mit meinem bisherigen Freund
wäre. Der hat zwar, glaube ich, noch nichts
gemerkt, aber ich kann es sicher nicht mehr
lange verheimlichen. Mir ist schon ganz bang,
wenn ich daran denke, wie ich ihm das sagen
soll. Er ist sicher geschockt. Es fällt mir wohl
besonders schwer, ihm das klar zu machen,
weil ich ihn immer noch gern habe, auch
wenn ich den anderen viel mehr liebe.«

Was Sibylle erlebt hat, kann jedem passieren,
egal ob Mädchen oder Junge. Sich aufs neue
zu verlieben, von diesem Gefühl plötzlich
schier überwältigt zu werden, davor ist niemand gefeit, auch wenn man schon eine
Freundin oder einen Freund hat. Daher ist es
auch sinnlos, allein wegen dieses Gefühls ein
schlechtes Gewissen zu haben. Es ist nun ein-

mal da, daran läßt sich nichts mehr ändern. Andererseits ist es selbstverständlich, daß mit diesem neuen Verliebtsein auch ein paar Unannehmlichkeiten verbunden sind, die man am liebsten ignorieren möchte. Denn der Junge oder das Mädchen, mit dem man bis vor kurzem noch eng befreundet war, wird wenig begeistert von der neuen Situation sein. Zunächst wird jeder, der sich neu verliebt hat,

HALTBARKEIT
SIEHE RÜCKSEITE
000000 000000

prüfen müssen, wem er größere Zuneigung entgegenbringt. In Sibylles Fall scheint die Entscheidung schon gefallen zu sein. Da sie auch weiß, daß ihr »Neuer« sie ebenfalls liebt, fällt ihr die Wahl natürlich noch leichter. Nur muß sie wissen, daß nun kein Weg daran vorbeiführt, ihrem bisherigen Freund die Wahrheit zu sagen. Sich und ihm etwas vorzumachen, das bringt nur unnötigen Ärger und zusätzlichen Seelenschmerz für beide. Es wird nicht leicht sein für ihn zu erfahren, daß sie plötzlich einen anderen lieber mag. Aber es ist auf jeden Fall besser, sie bringt es ihm *selbst* schonend bei, als daß er es von ande-

ren gesteckt bekommt; denn dann wird er sich erst recht hintergangen und gemein behandelt vorkommen.

Niemand kommt daran vorbei zu lernen, daß es für die Liebe keine Haltbarkeitsgarantie gibt. Von diesem Schicksal kann man in unterschiedlicher Weise betroffen werden:

● Einmal kann es nötig sein, einem Menschen, mit dem man längere Zeit eine Liebesbeziehung hatte, sagen zu müssen, daß die Gefühle für ihn erkaltet sind.

● Ein andermal kann man selbst der- oder diejenige sein, welche(r) damit fertig werden muß, vom bisherigen Partner verlassen zu werden.

Eine Trennung ist meistens endgültig. Nur gelegentlich gibt es Fälle, da trennen sich zwei und kommen später wieder zusammen, sozusagen auf gereifter Basis. So etwas kann durchaus gutgehen. Aber man sollte nicht ewig einer gescheiterten Liebe nachtrauern, in der Hoffnung, es muß daraus doch noch etwas werden, weil man sich sonst den Zugang zu anderen möglichen Partnern verbaut.

Es kann auch sehr schön sein, wenn zwei nach einiger Zeit merken, daß sie nicht so richtig zusammenpassen, und sie es schaffen, trotzdem Freunde zu bleiben. Warum nicht, wenn man sich was zu sagen hat und sich sympathisch ist? Jedenfalls muß man sich nach einer Trennung nicht anfeinden oder gar hassen. Auch die Tour, den früheren Freund oder die Freundin nach dem Ende der Beziehung bei anderen schlecht zu machen, ist unreif und ziemlich dumm. Denn das Urteil, das man da aus bloßer Verärgerung über den anderen abgibt, fällt auf einen selbst zurück, denn auf diesen Menschen hatte man sich doch gerade noch eingelassen, war in ihn verliebt. Und jetzt plötzlich soll er oder sie »das Letzte« sein?

Wem es schwerfällt, eine Trennung zu verkraften, dem mag der hilfreiche und sehr wahre Spruch: »Eine Liebe heilt die andere!« ein Trost sein. Denn das Ende einer Liebesbeziehung ist über kurz oder lang auch schon der Beginn einer neuen. Es ist zwar schmerzhaft, von jemanden, den man vielleicht immer noch liebt, verlassen zu werden. Es wird sich aber, wenn die Traurigkeit wieder etwas abgeklungen ist und man sich in Ruhe Gedanken über die Gründe des Scheiterns gemacht hat, die Erkenntnis einstellen, daß es so eigentlich besser ist. Wenn die Gefühle des Partners sich geändert haben, sind klare Verhältnisse besser als ein quälendes Hin und Her über viele Wochen oder Monate. Je früher alles klar ist, desto eher ist man neuen Bekanntschaften gegenüber frei und aufgeschlossen. Und man wird schnell entdecken, daß es viele andere Möglichkeiten gibt, die man bisher nur nicht wahrgenommen hatte.

Trennungen ertragen und Enttäuschungen überwinden ist eine wichtige Sache, die man lernen muß. Das geht nur durch die Erfahrung, daß Liebesbeziehungen eben auch scheitern können. Man darf durch eine oder einige schlechte Erfahrungen nicht den Mut verlieren, sich neu zu verlieben. Wer sich zurückzieht und abkapselt, bloß um Enttäuschungen zu vermeiden, verzichtet auf das Erleben der Liebe. Es ist viel besser, sich zu überlegen, ob man selbst vermeidbare Fehler gemacht hat. Es gibt ja Fälle, wo sich Jungen oder Mädchen darüber beklagen, daß sie immer auf den gleichen Typ hereinfallen. Wenn man aber beispielsweise mit Angebern schon öfters schlechte Erfahrungen gemacht hatte, soll man eben den nächsten, der großspurig und laut auftritt, nicht gleich wieder kritiklos toll finden, um sich hinterher dann bald wieder zu wundern, daß es doch nicht richtig klappen will.

Abschließend sei noch einmal klargestellt: Auch wenn man feststellt, daß Gefühle erkalten können, so ist das keine Aufforderung zu wahllosem Partnerwechsel oder rücksichtslosem Umgang mit den Gefühlen anderer Menschen. Wer andererseits fordert, daß eine Liebe unbedingt halten muß, dem ist die Liebe

eigentlich egal, er will nur die Beziehung um jeden Preis aufrechterhalten und gibt sich damit letztlich einer Selbsttäuschung hin.

Eifersucht

Viele, die heftig verliebt sind, werden fast pausenlos von Gedanken gequält, für die es eigentlich gar keine offensichtliche Ursache gibt. Denkt Sie jetzt an mich? Was macht Er gerade? Ist Sie mir auch treu? Liebt Er mich überhaupt noch?

Besonders diejenigen, die schon einmal von einem geliebten Menschen verlassen wurden und diesen Schock noch nicht ganz verwunden haben, neigen zu dem übertriebenen Bedürfnis, ihre(n) neue(n) Freund(in) überwachen zu wollen, damit bloß nichts passieren kann.

Renate: »Ich bin seit ein paar Wochen mit einem Jungen befreundet, den ich eigentlich sehr nett finde. Wir können uns zur Zeit nur wenig sehen, weil ich bald Prüfungen habe, telefonieren aber täglich miteinander. Doch es nervt mich, daß er dauernd wissen will, was ich gerade mache. Ich habe ihm schon gesagt, daß er keinen Grund zum Mißtrauen haben muß. Er hat zwar abgestritten, eifersüchtig zu sein, aber inzwischen habe ich von Freundinnen erfahren, daß er sie über mich aushorcht und mir heimlich nachspioniert. Jetzt bin ich richtig böse auf ihn, denn er hat anscheinend überhaupt kein Vertrauen zu mir.«

Der Spruch »Eifersucht ist eine Leidenschaft, die mit Eifer sucht, was Leiden schafft« trifft den Kern der Sache ziemlich genau. Ein *grundlos* eifersüchtiger Mensch sieht in allen möglichen Dingen, die der andere tut oder sagt, einen Hinweis darauf, daß mit dessen Liebesgefühlen für ihn etwas nicht mehr stimmen könnte. Je häufiger man versichert, daß nichts vorgefallen ist, um so mißtrauischer kann der andere werden. Er ist letztlich durch

keine Beteuerung, aber auch nicht durch Beweise, zufriedenzustellen, denn ihm fällt immer wieder etwas Neues ein. Dieses nervtötende Mißtrauen aber bewirkt das Gegenteil dessen, was es erreichen möchte: Der oder die zu Unrecht Verdächtigte wird die ständigen Auseinandersetzungen und kleinlichen Streitigkeiten bald satt haben und sich überlegen, ob man mit so einem Menschen noch länger zusammenbleiben will. Schon so manche vorher ungetrübte Liebesbeziehung wurde durch blinden Eifersuchtswahn Stück für Stück ruiniert.

EIFERSUCHT IST EINE LEIDENSCHAFT........

Selbst jemand, der glaubt, durch schlechte Erfahrungen einen besonderen Grund zur Vorsicht zu haben, muß sich vor Augen halten, daß seine ständigen Zweifel den anderen tief verletzen können, weil er sich in seiner Liebe nicht ernstgenommen fühlt. Man muß sich schon zusammennehmen, wenn man das Gefühl hat, man möchte den geliebten Menschen am liebsten nicht mehr aus den Augen lassen, und sollte einsehen, daß man auf niemanden ein uneingeschränktes Besitzrecht hat.

Heike: »Was soll ich nur machen, ich bin auf meinen Freund total eifersüchtig! Meistens ist er ganz lieb zu mir und sagt, daß ich die einzige bin, auf die er echt steht. Manchmal aber ist er richtig gemein, schmust sogar vor mir mit anderen Mädchen 'rum und läßt mich einfach links liegen. Wenn ich ihn später dann zur Rede stelle, verspricht er mir jedesmal, sich zu ändern. Meine Freundin hat mir geraten, ich soll mir meine Wut nicht anmerken lassen und es genauso machen wie er.«

In Heikes Fall liegt die Sache schon etwas anders als bei Renate. Sie hat ganz offensichtlich Grund zur Eifersucht, denn ihr Freund hat keine Hemmungen, sich vor ihren Augen an andere Mädchen 'ranzumachen. Allerdings sollte sie auch sehen, daß seine Gunstbezeigungen an andere, wenn sie sich auf viele Mädchen verteilen, wohl weniger ernst zu nehmen sind. Eine einzelne Rivalin müßte Heike sicher mehr fürchten. Schließlich kommt der treulose Geselle auch immer wieder zu ihr zurück. Sie ist ihm also wichtiger als die anderen, wenngleich sein Verhalten trotzdem sehr verletzend ist. Heike muß eben abwägen, ob sie das ewige Hin und Her ertragen kann, weil ihr sehr viel an ihrem Freund liegt oder ob sie ihm lieber den Laufpaß gibt. Es scheint jedenfalls wenig Hoffnung zu bestehen, daß er sich so ohne weiteres ändert. Vielleicht sollte Heike aber auch einmal das ausprobieren, was ihre Freundin ihr geraten hat: Sie sollte sich einfach mit einem anderen Jungen abgeben, wenn ihr Freund gerade etwas von ihr will. Unter Umständen wird er dann am eigenen Leib spüren, wie weh es tun kann, wenn man jemanden liebt und von ihm ignoriert wird.

Alex: »Meine neue Freundin ist sehr hübsch, aber sie hat überhaupt keine eigenen Interessen. Sie hängt sich immer bloß an mich und redet mir dauernd nach dem Mund. Wir haben uns schon ein paar Mal gestritten, weil ich gerne viel lese. Sie langweilt sich aber, wenn ich mich nicht irgendwie mit ihr beschäftige. Selbst wenn ich mich mit meinen Freunden treffen will, macht sie Theater. Sie kommt sich dann vernachlässigt vor. So gern ich sie mag, es ist langsam unerträglich, dauernd eingeschränkt zu werden.«

Auf den ersten Eindruck hin möchte man sagen, daß die beiden überhaupt nicht zusammenpassen. An Alex' Bedürfnis, sich neben dem Kontakt zu seiner Freundin auch noch mit etwas anderem zu beschäftigen, ist nichts auszusetzen. Entweder seine Freundin findet Spaß daran, sich auch mal selbständig mit etwas zu befassen, oder die beiden werden wohl bald einsehen müssen, daß ihrer Beziehung auf Dauer die nötige Grundlage fehlt.

Es ist ein Fehler zu glauben, der andere Mensch gehöre einem ganz und gar und müsse immer und überall verfügbar sein. Wer unfähig ist, mit sich selbst etwas anzufangen, wird anderen bald langweilig. Wer wie eine Klette am Partner hängt, wird für diesen bald zur Nervensäge. Es gibt Menschen, die wollen dauernd nur für andere da sein und beanspruchen keine Zeit und keine Freiheiten für sich selbst. Das ist sehr gefährlich, denn keine ei-

genen Wünsche und Interessen zu haben heißt, sich anderen ganz unterzuordnen. Mit dieser Einstellung läßt man sich allzuleicht ausnutzen und bleibt unselbständig im Denken und Handeln. Wer sich daran gewöhnt, persönliche Entscheidungen von anderen treffen zu lassen, wird nie wissen, was er will, und in seinem Urteil immer von anderen abhängig bleiben. Auch dann, wenn es einmal heißt »Es ist aus zwischen uns beiden!«, kommt nur derjenige halbwegs leicht darüber hinweg, der nicht nur den geliebten Partner, sondern auch sich selbst wichtig genommen hat. Wer beizeiten gelernt hat, etwas mit sich anzufangen, kann nicht ins völlige Nichts fallen, da es für ihn/sie neben Schule und Freund/in auch noch andere wichtige Dinge gibt. Wer nicht alle Brücken zu früheren Freundinnen oder Freunden abgebrochen hat, nachdem er sich »wahnsinnig« in jemanden verliebt hat, für den existiert immer ein Kreis von Vertrauten und Bekannten, in dem man im Fall eines Falles jemanden zum Aussprechen und Ausheulen finden kann.

Wenn Mädchen oder Jungen zum Sex gezwungen werden

Vergewaltigung ist das brutale Gegenteil von Liebe. Es gibt Menschen, die zu einer zärtlichen Liebesbeziehung unfähig sind – aus welchen Gründen auch immer. Viele sind in Verhältnissen aufgewachsen, in denen persönliche Gewaltanwendung im Familien- und Bekanntenkreis an der Tagesordnung war. Sie können sich »Zuwendungen« untereinander kaum mehr anders vorstellen als eben mit Gewalt verbunden. Ihre Erfahrung im zwischenmenschlichen Umgang hat sie gelehrt: Was ich von einem anderen will, muß ich mir von ihm erzwingen, zur Not mit Gewalt. Diese Einstellung, übertragen auf Sexualität, ist praktisch nur bei Männern anzutreffen. Auch wenn manchmal behauptet wird, das weibliche Opfer habe den männlichen Täter durch die »lockere Art«, sich zu kleiden oder zu geben, herausgefordert, spielt das keine Rolle – in jedem Fall wendet er gegen den Willen der Frau körperliche Gewalt an. Oft ist der Vergewaltiger zu jeder Steigerung des Gewalteinsatzes bereit, falls es ihm notwendig erscheint. Deshalb hat in einer solchen Situation das Opfer oft nur die Möglichkeit, den Vergewaltiger nicht zu noch mehr Gewalt zu provozieren. Es empfiehlt sich also nicht, den Vergewaltiger durch Beschimpfungen oder Drohungen zusätzlich zu reizen. Bei klarer körperlicher Unterlegenheit des Opfers verschlimmert auch der Versuch einer gewaltsamen Gegenwehr häufig nur die Situation. Es ist schwer, für solche Situationen eine allgemeine Verhaltensregel aufzustellen. Dann bleibt eigentlich nur der Versuch, den Vergewaltiger durch Reden, durch Überzeugen mit Argumenten von seinem Vorhaben abzubringen; zum Beispiel durch den Hinweis auf die Gefahr, entdeckt zu werden – nie aber mit der Drohung, ihn anschließend anzuzeigen. So sehr das Opfer den Vergewaltiger für seine Brutalität hassen mag – das Begreifen, daß man einem liebesunfähigen Kranken gegenübersteht, kann vielleicht trotz Angst und Ekel einen Kontakt herstellen helfen. Vielleicht kann man ihm einen Ausweg aus der momentanen Situation zeigen, ihm sozusagen einen freien Rückzug anbieten. Es ist schon manchen Frauen gelungen, einen Vergewaltiger durch ein Gespräch abzulenken und die Gefahr abzuwenden, indem sie auf seine Probleme eingegangen sind. Auch wenn es absurd erscheinen mag, daß das Opfer einer Vergewaltigung Verständnis für den Täter aufbringen soll, so sollte doch jede Frau bedenken, daß sie auf diesem Wege unter Umständen

den Vergewaltiger von seinem Vorhaben abbringen kann.

Ein Sonderfall von Vergewaltigung ist häufiger, als man glauben mag: der sexuelle Mißbrauch von Mädchen durch männliche Bekannte und Verwandte , ja selbst durch den eigenen Vater. Auch Jungen sind – allerdings weniger häufig – Opfer von ihnen nahestehenden Erwachsenen. Jährlich gibt es in der Bundesrepublik Deutschland (wie auch in anderen Staaten) Hunderte solcher Fälle, die angezeigt und verfolgt werden. Die Zahl der Fälle, die nicht bekannt werden, ist weitaus höher.

Die Besonderheit des *sexuellen Mißbrauchs* von Kindern durch nahe Verwandte liegt in dem der Tat vorausgehenden Vertrauensverhältnis zwischen Täter und Opfer. Der Vergewaltiger benötigt gar keine körperliche Gewalt, sondern nützt die vorhandene Zuneigung des Kindes aus. Sofern er über

eine gewisse Autorität in der Familie verfügt, zum Beispiel als Onkel oder Vater, setzt er diese Autorität ein, um den Widerstand des Kindes zu überwinden – wenn es überhaupt zu einem Widerstand fähig ist. Für Kinder gibt es oft keine höhere Autorität als den Vater, gegen ihn ist das Kind hilflos. Das erklärt auch, warum so viele dieser Verbrechen nicht ans Licht kommen. Die meisten Kinder lieben ihren Vater – wie könnten sie nun etwas gegen ihn unternehmen? Der Mutter davon erzählen? Das wäre wahrscheinlich das Ende der Familie. Das Kind muß befürchten, mindestens ein Elternteil zu verlieren. Das mißbrauchte Kind hat keinen Partner. Es vertraut niemandem mehr als den eigenen Eltern, und wenn es lernen muß, daß es dies nicht mehr tun kann, wird es auch keinem anderen mehr trauen. In seltenen Fällen kann es vorkommen, daß ein Kind den sexuellen *Mißbrauch* durch den Vater zunächst einmal gar nicht als solchen empfindet. Häufig lernen sie nie, daß man Erfüllung nur in einer frei gewählten Beziehung zwischen gleichwertigen Partnern findet.

Viele Mütter reagieren nicht auf den sexuellen Mißbrauch ihrer Tochter. Entweder weil sie es nicht merken oder weil sie es gar nicht merken wollen. Vor Ungeheuerlichkeiten schließt man gerne beide Augen. Kleine Hinweise darauf werden eher verharmlost, die Vater-Tochter-Beziehung wird verniedlicht. Sie wirklich ernst zu nehmen, einen *Inzest* öffentlich werden zu lassen, das wäre ja ein Skandal, den man nicht erleben möchte.

Wenn Täter, Opfer oder Angehörige keinen Ausweg mehr zu sehen glauben, tauchen manchmal Selbstmordgedanken auf. Aber die sind Flucht und somit keine Lösung, erst recht, wenn dadurch ein Menschenleben zerstört wird.

Der Zusammenbruch einer Familie ist immer eine schreckliche Sache, unter der alle Beteiligten zu leiden haben, aber er kann zu einem neuen, besseren Anfang führen. Wenn jedoch eine Familie zusammenbricht, weil in ihr der Vater seine eigene Tochter sexuell mißbraucht hat, so sorgt die gerichtliche Verurteilung des Vaters und die Moral der sozialen Umgebung dafür, daß nichts davon je in Vergessenheit gerät. Die Gesellschaft verurteilt in solchen Fällen nicht nur den Täter. Zumindest in Zweifel kann auch die moralische Unbescholtenheit der Frau gezogen werden, die mit einem Mann zusammenlebt, der zum Inzest fähig ist.

Wenn Vorurteile und Unkenntnis die moralische Daumenschraube der Öffentlichkeit in Bewegung setzen, kann es schlimm werden. Meist wird das Urteil dann durch die Verurteilung ersetzt. Deshalb nützt – wenn es einmal so weit ist – hier kein Tip mehr, etwa in der Art: Wende Dich vertrauensvoll an das Jugendamt! Es gibt *einen* Tip nur für die Situation am Anfang, wenn der Vater oder ein sonstiger Verwandter sich einem Kind sexuell nähert: ein *klares Nein* – aber ohne Vorwürfe und ohne Drohungen. Der Standpunkt einer Tochter sollte sein: »Ich habe dich lieb und Verständnis für deine Probleme, aber ich will und kann dir dabei nicht helfen! Wenn du mich sexuell benutzen willst, kann ich dich nicht mehr so lieb haben.« Hat man schon den Fehler gemacht, sich auf so eine Situation einzulassen, vielleicht aus Mitleid, so ist das kein Grund dafür, nun unbedingt so weitermachen zu müssen. Mann kann einen Fehler einsehen und aufhören. Je früher und je klarer die sexuelle Annäherung abgebrochen wird, um so harmloser kann der Inzest-Versuch enden – als schlechter »Scherz« etwa, der nie mehr vorkommen wird und von dem niemand erfahren muß.

Leider lösen sich jedoch solche Verfehlungen meist nicht so leicht auf, sondern hinterlassen tiefe seelische Wunden, die nie ganz heilen. Viele Menschen, die in ihrer Kindheit oder Jugend von ihnen nahestehenden Erwachsenen sexuell mißbraucht wurden,

tragen dieses leidvolle Erlebnis lange mit sich
herum, manchmal ihr ganzes Leben. Bei
vielen ist es auch ein Schuldgefühl, nicht nur
Scham. Davon soll und kann man sich
entlasten, wenn man mit jemandem, dem
man vertrauen kann, der oder die aber nicht
zum engeren Familienkreis gehört, darüber
spricht. Es kann sehr erleichternd sein, mit
einem verständnisvollen Menschen ganz offen
über seine Erlebnisse und seine nachträglichen Gefühle und Selbstzweifel reden zu
können. Hierfür gibt es *Beratungsstellen* –
Jugend-, Familien- oder Lebensberatungsstel-
len der Gemeinde und der Wohlfahrtsverbände, die man in jedem Telefonbuch findet.
Dort kann man mit erfahrenen Mitarbeitern
sprechen, die oft schon eine Reihe ähnlicher
Fälle kennen, die einem geduldig zuhören und
(wie Ärzte) zur Verschwiegenheit verpflichtet
sind. Man kann auch anonym bleiben. Es
geht ja auch nicht um irgendwelche amtlichen
Konsequenzen – sie könnten nichts bewirken,
aber alles noch schlimmer machen –, sondern
um die Möglichkeit der offenen Aussprache,
um das Loswerden einer seelischen Last.

Homosexualität

Unbefangene Spielereien

Es gibt viele Jugendliche, die ihre ersten sexuellen Erfahrungen mit Gleichgeschlechtlichen machen – mit Geschwistern, Nachbarskindern, der besten Freundin, dem besten Freund und mit Klassenkameraden. Da gibt es Verführer und (freiwillig) Verführte, aber in der Mehrzahl aller Fälle ist weder der eine noch der andere wirklich *schwul*. Aber genau das ist dann die Befürchtung, die mancher in bezug auf sich selbst hat. Diese in Unwissenheit gründende Angst und das anerzogene schlechte Gewissen, das man hat, weil man etwas »Schmutziges« tut, führt meist zum schnellen Ende dieser »Homo-Mode«. Es hat zwar Spaß gemacht, aber das darf man ja nicht öffentlich zugeben, im Gegenteil: Man muß nun ganz besonders starke Sprüche gegen die Schwulen klopfen und Verachtung für sie zeigen, damit man selbst außerhalb jedes Verdachtes steht.

Nach einer weithin anerkannten psychologischen Theorie haben diejenigen Menschen, die besonders fanatisch gegen *Homosexuelle* auftreten, selbst große Schwierigkeiten, mit eigenen homosexuellen Neigungen fertig zu werden. Mit ihren Angriffen wollen sie denjenigen strafen, der sich Freiheiten herausnimmt, die sie bei sich selbst unterdrücken.

Die Wissenschaft hat längst bewiesen, daß der Mensch zunächst einmal in beide Richtungen hin offen ist. So stellte zum Beispiel der berühmte amerikanische Sexualforscher Kinsey fest: »Jedes Individuum besitzt die angeborene Fähigkeit, sowohl auf andersgeschlechtliche als auch auf gleichgeschlechtliche Anreize zu reagieren, falls sich eine günstige Gelegenheit dazu bietet.« Daß dies stimmt, sieht man schon an den unbefangenen Spielereien, die Kinder ohne bestimmte Orientierung miteinander treiben. Auch Jugendliche in der Pubertät sind noch nicht so festgelegt wie die Erwachsenen. So geben 10 % unter den 16jährigen Mädchen und 13 % der Jungen gleichen Alters an, früher schon einmal gleichgeschlechtliche Kontakte gehabt zu haben. Die Wissenschaftler, die diese Untersuchungen durchgeführt haben, meinen allerdings, daß die wirklichen Zahlen viel höher liegen dürften. Den Jugendlichen falle bei der Befragung ein Bekenntnis zur verpönten Homosexualität sehr schwer. Von den Erwachsenen geben 4 % der Männer und 3 % der Frauen an, dauerhaft homosexuelle Beziehungen zu bevorzugen. Das Zurückgehen gleichgeschlechtlicher Kontakte vom Jugend- zum Erwachsenenalter verweist auf den prägenden Druck der Gesellschaft. Gehen kindliche Doktorspiele und

Jugendsünden gerade noch an, müssen junge Erwachsene schon aufpassen, sich nicht im »falschen Fahrwasser« erwischen zu lassen. Denn der Alltag der homosexuellen Liebe ist geprägt durch feindselige Beschimpfungen

GLEICH UND GLEICH GESELLT SICH GERN...

und Diskriminierungen aller Art, auch im Beruf. Diese Anfeindungen kommen von »braven Bürgern«, denen es anscheinend nicht zu dumm ist, sich selbst bei jeder Gelegenheit wohlgefällig als »normal veranlagt« und »anständig« herauszustellen.

Wo kommen die Wörter »Homos« und »Lesben« eigentlich her?

Das Wort homosexuell kommt aus dem Altgriechischen: »homoios« heißt gleich. Alle nicht homosexuellen Menschen werden als »hetero-sexuell« bezeichnet; dieses Wort kommt vom altgriechischen »heteros« und heißt verschieden. Homosexuelle Frauen werden »Lesben« genannt, weil sich auf der Insel Lesbos die Mädchenschule der griechischen Dichterin Sappho befand, die dort die gleichgeschlechtliche Liebe praktiziert haben soll.

Homosexualität ist nichts Unanständiges

Wenn Homosexuelle von sogenannten »Normalen« als »abartig«, »pervers« oder »krank« abgestempelt werden, so ist das wissenschaftlich gesehen blanker Unsinn. Schon die Frage nach den Ursachen der Homosexualität ist verdächtig: meist will der Fragende eine Krankheit dingfest machen. Schon mit der Frage, ob Homosexualität angeboren oder heilbar ist, wird unterstellt, daß sie abnormal und krankhaft ist. Seit sich Mediziner, Psychiater und andere des Themas angenommen haben, werden verschiedene Faktoren diskutiert, die zur Entstehung von Homosexualität beitragen sollen:
● Störungen des Hormonhaushalts,
● eine Fehlschaltung im Sexualzentrum des Gehirns,
● gestörte Beziehung des Kindes zu Vater und/oder Mutter,
● die Verführung von sogenannten »unschuldigen« jungen Männern, denen durch diese Theorie offensichtlich Willenlosigkeit unterstellt wird.

Daß es eine *freie Entscheidung* sein könnte, sich (auch) dem gleichen Geschlecht zuzuwenden, ist wohl eine schwierige Erkenntnis, die sich aber langsam immer mehr durchsetzt. Es gibt eben Männer und Frauen, die sich sexuell vom gleichen Geschlecht angezogen fühlen. Gefühlen kann man nicht befehlen, die sind da oder nicht.

Für einen Homosexuellen ist seine Empfindung natürlich, selbstverständlich und normal. Wenn Homosexuelle oft unter einem Gefühl der Anormalität leiden, so liegt das nicht an der Art ihrer Liebeswünsche. Ihr Leiden entspringt aus dem Unverständnis und der Gehässigkeit der »Normalen«.

»Nicht der Homosexuelle ist pervers, sondern die Situation, in der er lebt«, formuliert Rosa von Praunheim, ein bekannter homosexueller Filmemacher. Was ist denn schon groß anders an der homosexuellen Liebe? Homosexuelle Männer und Frauen verlieben sich, sind zärtlich und liebevoll zueinander, können eifersüchtig sein, sich streiten und wieder versöhnen wie alle Liebespaare. Das Vorurteil, es ginge beim Homosexuellen »nur um Sex« und nicht um richtige Liebe, geht gründlich an der Wirklichkeit vorbei. Es gibt in der homosexuellen Liebe nichts, was in heterosexuellen Beziehungen nicht auch vorkommen würde. Die Homosexualität ist eine gleichrangige Ausdrucksform körperlicher und seelischer Zuneigung, durch die sich Menschen äußerst beglückt fühlen können.

Warum Homosexualität unterdrückt wird

Die Verfolgung der Homosexuellen durch den Staat gibt es heute in Deutschland nicht mehr – nur im sogenannten »gesunden Volksempfinden« ist die Feindseligkeit gegen sie erhalten geblieben. Der berüchtigte *Paragraph 175* des Strafgesetzbuches, der gleichgeschlechtliche Sexualkontakte zwischen Männern unter Strafe gestellt hatte, wurde im Jahr 1969 reformiert. Homosexuelle Aktivitäten zwischen erwachsenen Männern sind demnach straffrei. Allerdings macht sich ein erwachsener Mann

nach wie vor *strafbar*, wenn er sexuelle Handlungen an einem Mann unter 18 Jahren vornimmt oder von diesem an sich vornehmen läßt (§ 175). Diese Altersgrenze wird mit der Notwendigkeit des Jugendschutzes begründet. Es fällt dabei aber auf, daß nur männliche Jugendliche vor der Verführung durch Homosexuelle gesetzlich geschützt werden. Homosexualität zwischen Frauen steht nicht unter Strafe.

Die staatliche Unterdrückung der Homosexualität hat in der christlich-abendländischen Kultur eine traurige Tradition. Der Staat hat zu allen Zeiten sein Vorgehen damit begründet daß »homosexuelles Treiben« eine Gefahr für seine Existenz darstelle, weil es zu einem »Verfall der sittlichen Kräfte« führe und so das »Volksganze zerstört« werden könne. Hinter diesem Moralschwulst steckte das staatliche Interesse an einer möglichst umfangreichen Aufzucht von »Menschenmaterial« für die Fabriken und den Krieg. Bürger, die bei ihrem Streben nach Lust nichts Nützliches für die Allgemeinheit produzierten, mußten dem Staat ein Dorn im Auge sein. Da eben gleichgeschlechtliche Liebespaare keine Kinder zeugen und deshalb – in diesem Sinne – nichts zustande bringen können, versuchte der Staat, diese »fehlgeleiteten Potenzen« durch Strafandrohung zu kanalisieren. Der Standpunkt »Du bist nichts, Dein Volk ist alles« wurde während der nationalsozialistischen Herrschaft am entschiedensten verfochten, deshalb ist es nicht verwunderlich, daß in dieser Zeit die Homosexuellen am schlimmsten verfolgt wurden. Sie wurden in Konzentrationslager gesperrt, wo viele grausam starben. Die gesetzliche Grundlage für die Verfolgung Homosexueller gibt es jedoch nicht

LIEBER GLEICH, ABER GLÜCKLICH......

erst seit der Nazizeit, sondern schon seit der Reichsgründung 1871. Sie manifestierte sich schon damals im § 175, der jede Form von Homosexualität mit Gefängisstrafe bedrohte.

Homosexualität im österreichischen und im schweizerischen Strafrecht

In Österreich macht sich ein erwachsener Mann strafbar, der einen minderjährigen Mann unter 18 Jahren zu »gleichgeschlechtlicher Unzucht« verführt. Der § 209 des österreichischen Strafgesetzbuches entspricht also sachgemäß dem bundesdeutschen § 175.

Im Unterschied dazu ist aber in Österreich »gleichgeschlechtliche Unzucht« auch zwischen Erwachsenen strafbar, wenn sie gewerbsmäßig betrieben wird (§ 210 StGB).

In der Schweiz macht sich jede erwachsene Person strafbar, wenn sie eine jugendliche Person gleichen Geschlechts unter 16 Jahren zu »widernatürlicher Unzucht« verführt (Artikel 194 StGB). Mit Jugendlichen über 16 Jahren ist der homosexuelle Kontakt eines Erwachsenen nur dann strafbar, wenn dabei eine Notlage oder Abhängigkeit des Jüngeren ausgenützt oder die »unzüchtigen Handlungen« gewerbsmäßig betrieben werden.

Wer oder was ist eigentlich pervers?

»Das ist ja pervers!« lautet oft das empörte Urteil über sexuelle Verhaltensweisen, die für »unnormal« oder »unnatürlich« gehalten werden. Doch was ist schon normal? Wie die meisten es machen? Ab welcher Prozentzahl? Und woher weiß man das? Gemeint ist jedoch meistens gar nicht die Feststellung einer Tatsache, sondern eine moralische Verdammung: so etwas *darf* nicht sein! Aber wer setzt hier die Maßstäbe? In der Natur findet man jedenfalls keinen Maßstab für sexuelles Verhalten

von Menschen. Was ist schon »natürlich«? Alle besonderen Leistungen, die den Menschen aus der übrigen Natur herausheben, sind gewissermaßen unnatürlich, das heißt, diese Fähigkeiten sind ihm nicht angeboren. Die Menschen ersinnen und erschaffen sich Fähigkeiten und Dinge, um sich das Leben angenehmer zu gestalten. Dazu gehört auch Erfindungsreichtum beim Liebesspiel. Was Liebespartner alles miteinander treiben mögen – »pervers« kann es nicht sein, solange es allen Beteiligten Spaß macht. Das Wort »pervers« stammt vom Lateinischen »pervertere«, das heißt verdrehen. Pervers im Sinne von verkehrt, auf den Kopf gestellt, könnte allenfalls eine sexuelle Handlung sein, die nicht allen Beteiligten Spaß macht. Vergewaltigung zum Beispiel ist pervers, weil der Wille des Opfers nicht berücksichtigt, sein Widerstand mit Gewalt gebrochen wird. Gewaltanwendung ist eigentlich das pure Gegenteil von sexueller Lust. Dennoch gibt es Menschen, die gerade durch solche Praktiken zu sexuellem Lustempfinden gelangen. Dies erscheint einem Menschen, der sexuelle Lust mit Wärme, Zärtlichkeit und Liebkosung gleichsetzt, als verdreht. Insofern sind *Sadismus* und *Masochismus* »pervers« zu nennen. Dem *Sadisten* bedeutet Rücksichtnahme und Zärtlichkeit, wie sie allgemein verstanden wird, nichts. Er empfindet Lust durch das Zufügen von Schmerzen oder Erniedrigungen. Der *Masochist* hingegen kann Lust nur durch das Empfinden von Schmerz und Erniedrigung erfahren. Die Ursache dafür können tiefsitzende Schuldgefühle sein: Weil ihm Sexualität unterbewußt als etwas Verbotenes gilt, kann er sie nicht genießen, ohne sich gleichzeitig dafür zu »bestrafen« beziehungsweise bestrafen zu lassen.

Andere Perversionen, wie zum Beispiel *Voyeurismus, Exhibitionismus* und *Fetischismus*, bedienen sich zwar nicht der Gewalt, sind aber ebenfalls Formen gestörten Sexualverhaltens. Sie entspringen allesamt letztlich aus einem Unvermögen zu liebevollem Partnerkontakt, dessen Grundsteine, nach der Meinung von Psychologen und Psychoanalytikern, durch negative Einflüsse bereits in der Kindheit gelegt wurden. Diese Menschen, die nicht in der Lage sind, eine auf einen Partner ausgerichtete Liebesfähigkeit zu entwikkeln, können nicht aus sich heraus auf einen anderen zugehen, um ihn werben und ein persönliches Vertrauensverhältnis aufbauen. Das äußert sich meist in einer sehr ausgeprägten Gehemmtheit und Scheu vor Kontakten, insbesondere mit dem anderen Geschlecht. Der gehemmte Mensch sucht nach Ventilen für seine sexuellen Bedürfnisse, sucht Ersatz für unerfüllte Liebeswünsche.

DU BIST JA PERVERS!

Der *Voyeur* (französisch: Zuschauer) oder Spanner, wie man hierzulande sagt, sucht nach Gelegenheiten, andere Menschen heimlich in intimen Situationen zu beobachten. Er mag sich dabei in die Illusion hineinsteigern, er wäre selbst aktiver Teil einer sexuellen Begegnung. Der *Exhibitionist* (lateinisch: der Vorzeiger), meist ein Mann, legt es darauf an, seine Geschlechtsteile zur Schau zu stellen. Es scheint ihm eine Art Befriedigung zu verschaffen, eine Frau durch das Vorzeigen seiner »Männlichkeit« zu beeindrucken, ja zu erschrecken. Der *Fetischist* wiederum sucht Befriedigung beim Betrachten und Berühren eines Gegenstandes (Schuhe, Unterwäsche), der mit einer von ihm verehrten Person in enger Beziehung steht. Der *Fetisch* soll also gewissermaßen den unerreichbaren Partner symbolisieren, den man auf diese Weise anonym liebkosen kann.

Bei all diesen Beispielen von »Perversionen« ist es offensichtlich, daß sie ein Ersatz für partnerschaftliche Liebesbeziehungen sind. Das Verkehrte an ihnen ist, daß man auf diese Weise nicht zu einer partnerschaftlichen Liebesbeziehung kommt, sondern eine solche von vornherein unmöglich macht. Perversionen gibt es übrigens nicht nur in ihren extremen Formen, sondern auch in ihrer »normalen«, also massenhaften Ausprägung. Die ganze Palette pornografischer Erzeugnisse – vom Illustrierten-Titelbild über Filme und Videos bis hin zu Peep-Shows – gestattet es jedem, ganz bequem seinen voyeuristischen Neigungen nachzugehen. Die Akteure dieser Porno-Szene betreiben eine Art von Exhibitionismus, wenn auch im Unterschied zum »echten«

Exhibitionisten nur gegen Geld. Reich werden
sie dabei nicht, das große Absahnen bleibt
meist den »ehrenwerten« Geschäftsleuten im
Hintergrund vorbehalten. Mit dem Verkauf
von Sex-Illusionen lassen sich gute Geschäfte
machen – solange so viele Menschen dieser
Illusionen bedürfen, weil sie anders offenbar
nicht in der Lage sind, ihre Sexualität in einer
für sie genußvollen und befriedigenden Form
auszuleben.

Das erste Mal

Nur nichts überstürzen!

Mädchen und Jungen, die schon einige Erfahrungen mit Petting gesammelt haben, wollen natürlich irgendwann mal miteinander schlafen. Dieser Wunsch ist ganz selbstverständlich, und daran ist überhaupt nichts Schlechtes. Nur sollte sich schon jede(r) überlegen, wann, warum und mit wem er/sie diese wichtige Erfahrung machen möchte. Denn schließlich handelt es sich um die intimste, vertraulichste Art der Zärtlichkeit zwischen zwei Menschen; und um die folgenreichste, wenn man sich unvorbereitet, das heißt ohne Verhütungsmittel, darauf einläßt. Leichtfertig, zum Beispiel nur aus bloßer Neugierde, »wie das so ist«, sollte kein Mädchen und kein Junge Geschlechtsverkehr haben. Wenn die Liebesgefühle fehlen, wird es meistens nicht so schön, wie es werden könnte oder wie man es sich wünscht. Oft ist man dann hinterher enttäuscht, weil alles nicht so intensiv war, wie man es sich vorgestellt hatte. Aus diesem Grund ist es auch nicht empfehlenswert, mit dem Geschlechtsverkehr zu beginnen, nur um »Erfahrungen zu sammeln« und um möglichst mit anderen »mithalten« zu können.

Ilona: »Ich glaube, daß es langsam Zeit wird. Ich bin schon 17 Jahre alt und habe noch mit keinem Jungen geschlafen, so richtig meine ich. Die anderen Mädchen, die ich kenne, haben fast alle schon Erfahrungen. Manche lachen mich schon aus. Ich will aber keine ›alte Jungfer‹ werden, was soll ich machen?«

Die Sorgen und Ängste, die Ilona hat, sind völlig unbegründet. Kein junges Mädchen muß Bedenken haben, daß aus ihr eine »alte Jungfer« wird. Auch sollte man sich nicht mit anderen Gleichaltrigen messen, selbst wenn die sich schon deswegen die Mäuler zerreissen. Jede(r) trifft seine eigene Entscheidung, wann er/sie den Schritt vollziehen will. Es gibt überhaupt kein Alter, in dem es »dafür zu spät« ist. Der »richtige« Zeitpunkt ist erst dann gekommen, wenn man in jemanden so verliebt ist, daß man große Lust verspürt, es mit diesem Menschen zu probieren. Also bloß nicht mit dem oder der Nächstbesten ins Bett gehen, nur damit man »mitreden« kann!

Viele Mädchen und Jungen haben aber eher das umgekehrte Problem: »Bin ich schon reif genug dafür?« Wer sich diese Frage ehrlich stellt, sollte sich genauso ehrlich zu der Antwort »Nein« durchringen, wenn er glaubt, daß die Zeit noch nicht reif ist. Solche Selbstzwei-

fel sind meist sichere Zeichen, daß man see-
lisch noch nicht bereit ist. Die körperliche Reife für den Geschlechtsverkehr mag ja längst
vorhanden sein. Solange man aber nicht den
sehnlichen Wunsch hat, seine neuen Fähigkeiten mit einem ganz bestimmten Partner auszu-
probieren, sollte man es auch lassen.

Ab wann darf man denn?

Es gibt – die körperliche Reife vorausgesetzt –
keine objektive Altersgrenze für den Geschlechtsverkehr, und deshalb ist eine pau-
schale Antwort nicht möglich. Nur das Gesetz-
buch enthält eine Regel: *Kinder unter 14
Jahren sind tabu!* Demnach macht sich beispielsweise ein 16jähriger Junge strafbar,
wenn er ein 13jähriges Mädchen verführt oder
sich von ihr verführen läßt. Das gleiche gilt
umgekehrt genauso. Und auch Eltern und andere Erwachsene machen sich strafbar, wenn
sie so etwas wissentlich zulassen. Mit Vollen-
dung des 14. Lebensjahres können Eltern ihren Kindern den Geschlechtsverkehr erlauben,
wenn sie dies für richtig halten. Aber kein Erwachsener, außer den eigenen Eltern, darf
den Geschlechtsverkehr eines Jugendlichen
unter 16 Jahren erlauben oder »fördern« (§ 176
und § 180 Strafgesetzbuch). Erst ab dem
16. Geburtstag gibt es keine gesetzlichen
Einschränkungen der sexuellen
Handlungsfreiheit
mehr – aber auch
keinen Schutz.
Nur bei homo-
sexuellen
Männern

gilt die Altersgrenze von 18 Jahren. Die Eltern
können allerdings ihren Kindern bis zum 18.
Geburtstag den Geschlechtsverkehr verbieten
– rein theoretisch. Das tun aber die wenigsten,
und solche Verbote sind gegen den Willen der
Jugendlichen wohl auch praktisch kaum
durchsetzbar.

Jugendliche über 14 Jahren, die den bren-
nenden Wunsch haben, mit der oder dem geliebten Partner/in endlich zu »schlafen«, sollten sich nicht durch Fragen anderer nach ihrem Alter und ihrer Reife irre machen lassen.
Wenn zwei sich lieben und dieses Gefühl auch
körperlich genießen wollen, sollten sie sich
nicht hineinreden lassen. Wer andererseits
aufgrund religiöser oder moralischer Überzeu-
gungen seine sexuellen Wünsche unterdrük-
ken will und kann, wird sich dann ebenfalls
von anderen nicht beeinflussen lassen. Streng
christlich denkende und handelnde Menschen
versagen sich den vorehelichen Geschlechtsverkehr – das ist ihre freie, willentliche Entscheidung. Nur: Von Verboten, deren Sinn
und Notwendigkeit gar nicht einleuchten, sollte man sich in der Liebe niemals leiten lassen.
Es gibt – außer weltanschaulich-religiösen
Glaubensüberzeugungen – kein einziges sachli-
ches Argument gegen den vorehelichen Geschlechtsverkehr von Liebenden. Nur viele
Argumente *gegen rücksichtslosen* und *ungeschützten Geschlechtsverkehr*, die gibt es.

In der gesellschaftlichen Wirklichkeit hält
sich die Mehrheit der Menschen schon längst
nicht mehr an überkommene Sexualver-
bote, die sie für sinnlos halten.
Schon in früheren, angeblich mo-
ralisch so sauberen Zeiten
sah die Wirklichkeit an-
ders aus als in den
Wunschbildern der
Sittenhüter. Bei
der Verteufelung
des vorehelichen
Geschlechtsver-
kehrs wurde oft

auch mit zweierlei Maß gemessen: Sie galt meist nur für die Mädchen, die bis zur Heirat unwissend und unerfahren gehalten wurden und »unschuldig« in die Ehe gehen sollten. Von den jungen Männern dagegen wurde oft erwartet, ja sie wurden geradezu ermuntert, rechtzeitig vor der Ehe sexuelle Erfahrungen zu machen und sich auszutoben. Ganz verschwunden ist diese heuchlerische Doppelmoral bis heute noch nicht. Für viele junge Liebespaare ohne Trauschein gilt deshalb nach wie vor die uralte Regel: Möglichst nicht erwischen lassen! Für Jugendliche, die ja meistens noch in der Wohnung ihrer Eltern leben, ist diese Regel nur sehr schwer einzuhalten. Denn wenn die Eltern dagegen sind, werden sie das Liebespaar entsprechend kontrollieren.

Wo ist ein Platz für die Liebe?

Die einzige Chance für ein ungestörtes Zusammensein von jungen Liebenden gegen den Willen ihrer Eltern ist dann gegeben, wenn die Eltern (und eventuell störende Geschwister) für mehrere Stunden nicht zu Hause sind. Das hat den Nachteil, daß man den Zeitpunkt des Miteinanderschlafens nicht selbst bestimmen kann und sozusagen »auf Abruf« Lust dazu haben oder es eben sein lassen muß. Da sind diejenigen schon besser dran, die gelegentlich bei älteren Freunden in deren eige-

ner Wohnung unterkommen können. Am besten ist es, wenn man verständnisvolle Eltern hat, die das natürliche sexuelle Bedürfnis ihrer Kinder nicht unterdrücken, sondern in gesunder Entfaltung fördern wollen. Solche Eltern ersparen ihren Kindern Heimlichtuereien, Ausreden und auch ungemütliche Liebesabenteuer in der freien Natur oder anderen weniger geeigneten Plätzen. Nichts gegen romantische Stunden im Wald oder auf der Parkbank – solange man sich dabei nicht seine Kleider ausziehen muß! Selbst wer unempfindlich gegen Ameisen und anderes Getier ist; allein schon die Möglichkeit, von irgend jemandem entdeckt und gestört zu werden, verleidet einem doch den Spaß an der Lust! Von Nässe und Kälte ganz zu schweigen! Und wohin geht ein Liebespaar im Winter?

Aber an welchem Ort können junge Leute ohne eigene Wohnung schon ungestört und ohne Zeitdruck loslegen? Da kann so ein Buch leider wirklich nichts raten. Da muß jeder einzelne, beziehungsweise jedes Paar, sich etwas einfallen lassen – Liebe macht erfinderisch! Man sollte jedenfalls beim ersten Mal – ja eigentlich immer – Wert darauf legen, daß das Zusammensein unter möglichst bequemen und entspannten Bedingungen zustandekommt. Dann hat man eine Basis für ein lustvolles, befriedigendes Erlebnis, an das man sich immer gerne zurückerinnert. Unter Erfolgsdruck sollte man sich gerade beim ersten Mal nicht setzen. Die einzige Angst, die man vorher wirklich ernst nehmen soll, ist die vor einer ungewollten

EIN PLATZ FÜR LIEBE ?

KONDOME – FÜR VIELE GELEGENHEITEN

Schwangerschaft. Wenn man sich aber um die Verhütung kümmert, dann braucht man sich auch von dieser Angst nicht mehr den Spaß verderben zu lassen!

Für jede Gelegenheit – Kondome bereit!

Um unvorhergesehene günstige Gelegenheiten für zärtliche Stunden spontan beim Schopf packen zu können, sollten junge Liebespaare stets darauf vorbereitet sein. Das bedeutet, daß die beiden Liebenden sich schon über das gemeinsame Vorhaben ganz offen ausgesprochen haben sollten, damit sich keiner überrumpelt vorkommt, wenn die Situation ganz plötzlich da ist. Wenn zwei sich schon längere Zeit kennen und lieben und zum ersten Mal miteinander schlafen wollen, müssen sie sich über diesen beiderseitigen Wunsch verständigt haben; und sie müssen die Frage der *Verhütung* vorher geklärt haben. Natürlich kann ein Liebesabenteuer nicht generalstabsmäßig geplant werden – aber die Verhütungsmethode durchaus! »Allzeit bereit!« muß für Liebespaare die Devise lauten und das heißt: immer eine Packung *Kondome* in der Tasche! Junge Liebende, die das vergessen, verpassen womöglich aus diesem Grunde eine der vielleicht seltenen Chancen für ein ungestörtes Zusam-

mensein, die sich überraschend ergeben hat. Oder sie nützen die Chance, weil sie gar so verlockend ist, auch ohne Verhütungsmittel in der trügerischen Hoffnung: »Es wird schon nichts passieren!« Auf dieses gefährliche Spiel sollte man sich nicht einlassen! Deshalb: Niemals ohne Verhütungsmittel!

Das erste Mal – eine Qual?

Viele junge Mädchen haben vor dem »ersten Mal« etwas Angst, da sie befürchten, daß das erste Eindringen des Penis in die Scheide Schmerzen verursacht. Die *Entjungferung* (Defloration) ist ja schon immer etwas Geheimnisumwobenes gewesen, und viele Mythen ranken sich um dieses einmalige Ereignis im Leben einer Frau.

Tatsache aber ist: das *Jungfernhäutchen* (Hymen) ist von Natur aus nicht stark entwickelt. Meist wird es schon in der Kindheit durch Bewegungen beim Turnen und Spielen eingerissen, so daß es später beim ersten Eindringen eines männlichen Gliedes keinen nennenswerten Widerstand mehr entgegensetzt. Das Mädchen empfindet dabei im Normalfall keine Schmerzen. Aber auch dann, wenn das Häutchen überdurchschnittlich stark ausgebildet ist, tut der Einriß nicht besonders weh, und es kommt höchstens zu einer kleinen,

ICH SCHAFF'S, ICH SCHAFF'S NICHT, ICH . . . . . .

seien andere von der Natur besser ausgestattet, sollten keine voreiligen Schlüsse gezogen werden. Die erblich bedingten Längenunterschiede im Ruhezustand werden bei der Versteifung des Gliedes meistens wieder ausgeglichen. Ein kleineres Glied wächst mit der Erregung nämlich stärker als ein größeres. Das Wichtigste in diesem Zusammenhang ist jedoch: Die Länge des Gliedes ist *nicht* ausschlaggebend für die Stärke des Lustempfindens der Frau, mit der man schläft! Es gibt keinen biologischen Grund dafür, daß man mit einem größeren Glied mehr Berührungsreize auslösen kann als mit einem kleineren. Wenn manche Frauen ein größeres Glied reizvoller finden, ist das eben ihr subjektiver Geschmack. Umgekehrt gibt es aber Frauen, die es als unangenehm empfinden, wenn ein wirklich überlanger Penis beim Geschlechtsverkehr gegen die Gebärmutter stößt. Für solche Fälle gibt es deshalb in Ehehygieneläden eine Art Puffer-Ring zum Überstreifen, so daß der Penis nicht mehr so tief eindringen kann.

Das Märchen, daß ein Mann mit einem besonders großen Penis auch besonders potent sei, sollte man nicht glauben, auch wenn die Pornoindustrie es täglich verbreitet. Überhaupt ist die Einstellung, Sex wäre so etwas ähnliches wie Leistungssport, bei dem jeder einzelne sich und dem anderen irgendetwas beweisen müsse, völlig unangebracht. Das Bett ist kein Prüfstand! Wer es dazu machen will, dem geht es weniger um die Liebe als um seine Selbstbestätigung. Es ist eine falsche Annahme, nur liebens- und begehrenswert zu sein, wenn man beim Sex rekordverdächtige Leistungen bringt. Eine Vorstellung übrigens, die den meisten Frauen ohnehin fremd ist. Sie führt leicht dazu, daß man nicht locker und zärtlich im Bett miteinander umgeht, sondern voller Ängste, ob man die hohen Maßstäbe, die man sich selbst setzt, auch erfüllt. Liebe und Sex sollen aber Spaß machen und nicht ängstigen.

harmlosen Blutung.
Wenn beide über die Problematik Bescheid wissen und der Junge zärtlich und rücksichtsvoll vorgeht, ist das Ganze nicht der Rede wert. Übertriebene Erzählungen von Entjungferungsschmerzen können schon eher dazu führen, daß Mädchen sich aus Angst davor verkrampfen und infolgedessen Schmerzen haben.

Die Manneskraft – ob Mann es schafft?

Unerfahrene junge Männer – aber nicht nur sie – haben oft folgende Ängste:
● Ist mein Penis überhaupt groß genug, um eine Frau befriedigen zu können?
● Wird mein Penis im richtigen Augenblick steif?
● Bleibt mein Penis auch lange genug steif, oder kommt mein Samenerguß zu schnell?
Die Befürchtung, der Penis wäre zu klein geraten, entsteht häufig nur deshalb, weil andere Jungen mit der angeblichen Größe ihrer Mannessymbole protzen und dabei maßlos übertreiben. Doch selbst wenn es beim unmittelbaren Vergleich, beim Duschen oder in der Umkleidekabine tatsächlich so aussieht, als

Auch die Angst, daß das Glied nicht im richtigen Moment steif wird, ist völlig überflüssig. Das kommt schon mal vor und liegt meistens daran, daß man sich selbst unter Leistungsdruck setzt. Und nachdem man es einmal erlebt hat, ist beim nächsten Mal die Angst davor schon größer. So steigert sich mancher in diese Angst hinein und erzeugt genau das, wovor er Angst hat: Um die Entstehung dieses Teufelskreises zu verhindern, muß man die Sache mit der Erektion von vornherein ganz gelassen sehen.

Nur selten sind Männer aus organischen Gründen impotent, das heißt unfähig zu einer Gliedversteifung. In den meisten Fällen hat das seelische Ursachen. Anfangs sind es meist nur momentane Ursachen wie Angst oder eine schlechte Gemütsverfassung. Wenn es also einmal passiert, daß der Penis nicht so erigiert wie er »soll«, dann gibt es keinen Grund zur

Panik. Man ist halt gerade nicht in Stimmung.
Deshalb ist man noch lange kein Versager. Schon kurze Zeit später oder ein anderes Mal hat man mit der Erektion keinerlei Probleme. Das gehört zu den ganz normalen Anlaufschwierigkeiten, und selbst erfahrene Männer ereilt dieses Mißgeschick gelegentlich.

Mädchen sollten auf so eine Situation vorbereitet sein und mit Verständnis und Zärtlichkeit darauf reagieren. Keine Frau sollte aus einer momentanen mangelnden Erektionsfähig-

keit ihres Partners irgendwelche Schlüsse auf die Liebesbeziehung ziehen, etwa so: Er liebt mich nicht! oder: Ich bin für ihn nicht sexy genug! Beschuldigungen oder Selbstbezichtigungen sind hier völlig fehl am Platze, da so etwas immer wieder mal vorkommen kann und eigentlich auch völlig normal ist. Man sollte die Natur so nehmen wie sie ist: als eine Laune. Der Mensch ist eben keine Sexmaschine. Wer es trotzdem sein will, tut sich selbst und anderen nichts Gutes.

Oft haben gerade junge Männer das Problem, daß sie in ihrer sexuellen Erregung sehr schnell zum Samenerguß kommen, wodurch das Glied wieder schlaff wird. Oft zu schnell, als daß die Partnerin dabei noch Lustgefühle entwickeln könnte. Das mag für sie unerfreulich sein und für ihn peinlich, aber auch in diesem Fall sind Vorwürfe oder Schuldgefühle unangebracht. Sie führen nur dazu, daß der junge Mann Angst davor hat, beim nächsten Mal wieder zu »versagen«. In einer solchen Situation ist Geduld und Zärtlichkeit die beste Hilfe. Nach einer kleinen oder größeren Pause ist es ihm, meist mit ihrer Unterstützung, leicht möglich, eine neue Erektion zu bekommen und diese – nachdem die überstarke Spannung zu Beginn des Liebesspiels gelöst ist – länger genießen zu können. Und wenn es nach dem ersten »Fehlstart« noch einen zweiten gibt, besteht kein Grund zur Panik. Dann wird es halt beim nächsten oder übernächsten Mal gelingen. Es will eben alles gelernt sein, auch in der Liebe. Auch in dieser Situation gilt also: keine Leistungsmaßstäbe ansetzen!

Wie macht man's denn?

Die Frage ist eigentlich ganz überflüssig. Jeder macht es eben so, wie er gerade will und es ihm Spaß macht. Zwei Liebende werden sich da ganz schnell einig. Und so furchtbar viele Möglichkeiten gibt es dabei ja auch nicht. Keiner sollte sich irre machen lassen durch

lungen genügt es, folgendes zu wissen: Die wenigen wirklich verschiedenen Stellungsmöglichkeiten wirken sich jeweils unterschiedlich auf die körperliche Reizung und das Lustempfinden der beiden Partner aus. Die Unterschiede, auf die es ankommt:

● Wer hat die Initiative beim Bewegungsrhythmus, die Frau oder der Mann? (Abwechslung macht Spaß!)

● Wie stark wird dabei der Kitzler gereizt?

● Wie tief dringt der Penis in die Scheide ein? (allzu tief kann unangenehm sein).

● Können sich beide Partner dabei ansehen, küssen, umarmen, wenn sie das gerade gleichzeitig machen wollen? (Das muß ja nicht immer sein, ein schöner Rücken kann auch entzücken!)

Bücher, die unendlich viele *Liebesstellungen* beschreiben. Viele dieser Stellungen sind sowieso nur minimale Abwandlungen der wenigen »Grundstellungen«, die sich aus dem Körperbau des Menschen ergeben. Manche Stellungen sind aber lediglich akrobatische Verrenkungen, die eher lustfeindlich als genußvoll sind. Sowas kann man mal aus Spaß ausprobieren, aber ernst nehmen sollte man diese lächerlichen Turnübungen nicht, auch wenn sie als Besonderheiten angepriesen werden. Nur Sexprotze glauben, möglichst viele Stellungen beherrschen zu müssen.

Natürlich gibt es mehrere Möglichkeiten, wie man es miteinander machen kann. Aber man muß keine einzige Stellung vorher geübt haben. Jedes Liebespaar findet bald ein oder zwei Lieblingsstellungen, in denen es beiden am besten gefällt. Das ergibt sich durch die natürliche Neugierde und durch das Ausprobieren nach und nach ganz von selbst. Nichts davon muß man schon vor dem ersten Mal geübt haben, geschweige denn schon beherrschen. Über Stel-

„DAS KAMASUTRA HATTEN WIR UNS IRGENDWIE INTERESSANTER VORGESTELLT"

Stellungen beim Liebesakt

Beschreibung	Bewertung
1. Die Frau liegt flach auf dem Rücken, der Mann befindet sich, Gesicht zu Gesicht, auf ihr:	Beide können sich während des Akts küssen und umarmen.
● dabei hat die Frau die Beine gestreckt und leicht gespreizt;	Das Glied kann nicht sehr tief in die Scheide eindringen. Der Kitzler wird kaum gereizt.
● dabei zieht die Frau die Knie bis zur Brust hoch. Sie kann die Beine auch auf die Schultern des Mannes legen;	Durch das Vorbiegen des Unterleibs der Frau wird der Kitzler stark gereiz. Der Mann kann tief in die Scheide eindringen.
● dabei schließt die Frau nach Einführen des Glieds die Oberschenkel und streckt die Beine, die dann zwischen denen des Mannes liegen.	Das Glied kann nicht tief eindringen, aber auch bei nur mäßiger Erektion kann es kaum herausgleiten. Der Kitzler wird stark gereizt.
2. Der Mann liegt auf dem Rücken und zieht die Oberschenkel nach oben an. Die Frau setzt sich auf ihn, mit dem Rücken zu seinen Oberschenkeln (Reitlage):	
● dabei lehnt sich die Frau nach hinten, an die Schenkel des Mannes;	Die Frau kann sich frei bewegen. Bei keiner anderen Lage kann das Glied so tief eindringen. Auch für müde oder dicke Männer gut geeignet.
● dabei liegt die Frau nach vorne gebeugt über dem Mann, abgestützt auf Arme und Knie.	Es sind Küsse und Umarmungen möglich; dennoch behält die Frau die aktive Rolle. Eindringtiefe etwas geringer.
3. Mann und Frau liegen seitlich aneinander:	
● dabei wenden sich beide das Gesicht zu;	Das Glied kann nicht sehr tief eindringen, aber der Kitzler wird stark gereizt.
● dabei liegt der Mann hinter der Frau, welche die Beine zu ihrem Körper hochgezogen hat.	Der Mann kann das Glied auch im nur schwach erigierten Zustand einführen. Der Kitzler wird dabei kaum einbezogen.
4. Die Frau hat während des Akts dem Mann die Rückseite zugewendet:	
● dabei liegt die Frau auf der Bauchseite, der Mann auf ihrem Rücken;	Das Glied kann tief eindringen. Der Kitzler wird kaum gereizt.
● dabei kniet die Frau und beugt den Oberkörper nach vorne, gestützt auf Ellenbogen oder Hände. Der Mann kniet hinter ihr;	Der Kitzler wird nicht einbezogen.
● dabei stehen beide hintereinander.	Der Kitzler wird nicht einbezogen.

Schwangerschaftsverhütung

Gute Gründe fürs Verhüten

So schön es auch sein kann, ein Kind zu be-
kommen, für Jugendliche gibt es sehr wichtige
Gründe, dieses schöne Ereignis noch ein paar
Jahre hinauszuschieben, bis sie in der Lage
sind, dem Kind den angemessenen sozialen
Rahmen zu bieten. Solange man noch in der
Ausbildung steht, hat man weder die nötige
Zeit noch die nötige Geduld, die die Erziehung
eines Kindes erfordert. Auch die finanzielle
Absicherung ist meistens nicht geregelt. Die
Freude an einem Kind wird bei jugendlichen
Eltern sehr bald überlagert durch Überanstren-
gung, Gereiztheit und Existenzsorgen. Viele
haben sich durch eine zu frühe Elternschaft
ihre Jugendzeit verpfuscht, manche ihr ganzes
Leben – und das ihres Kindes. Es ist nicht gut,
unter solch belastenden Umständen ein Kind
aufzuziehen, und am meisten leidet das Kind
selbst darunter. Wer gezwungen ist, aus Not
sein eigenes Kind an Pflege- oder Adoptivel-
tern abzugeben, hat daran schwer zu tragen –
ein Leben lang. Aus Liebe zum eigenen Leben
und aus Verantwortung für das Leben des Kindes sollte jeder die Schwangerschaftsverhütung sehr ernst nehmen. Wer hier nachlässig
ist, riskiert zu viel, und wer sich hier dem Reiz
des Risikos hingibt, ist noch nicht reif für die

Liebe. Schwangerschaftsverhütung ist die
Grundlage für sorgloses sexuelles Vergnügen.
Wenn man vor ungewollter Schwangerschaft
keine Angst haben muß, macht der Sex erst
richtig Spaß.

Wie verhütet man richtig? Die Antwort darauf ist kurz und bündig: Für junge Männer gibt
es erst mal nur *Kondome* und sonst nichts.
Für Mädchen, die körperlich ausgewachsen
sind und einen stabilen Zyklus haben, gibt es
die *Antibabypille*. Kondome und Pille – das
sind die einzigen empfehlenswerten Verhütungsmittel für Jugendliche. Zu beiden folgen
nun nähere Informationen. Anschließend werden dann die für Jugendliche nicht empfehlenswerten Verhütungsmittel vorgestellt.

Das Kondom

Ein Kondom besteht aus sehr dünnem, dehn-
barem Gummi oder Kunststoff, der undurch-
lässig für Spermien ist. In der Umgangsspra-
che nennt man es »Pariser«, »Gummi«, »Tüte«,
»Verhüterli« und so weiter. Der Vielfalt der
Namensgebung sind hier wohl keine Grenzen
gesetzt. In der Apotheke oder Drogerie verlangt man am besten »Präservative« oder
»Kondome«. Dabei braucht man sich nicht zu

genieren, für die Verkäufer ist das alltäglich. Wenn man zu der Auffassung gelangt, daß die Zeit reif ist, mit der Freundin oder dem Freund zu schlafen, dann ist man auch nicht mehr zu jung dafür – schon gar nicht zum Kondome kaufen. Wer sich trotzdem geniert, kann die Präservative aus einem Automaten ziehen. Es ist sinnvoll, Gummis mit »Reservoir« zu benutzen. Das ist eine kleine Ausbuchtung am oberen Ende, in der die Samenflüssigkeit Platz hat. Ist ein solches Reservoir nicht vorhanden, ist beim Anlegen des Kondoms darauf zu achten, daß zwischen Gummihaut und Eichelspitze etwas Platz bleibt. Andernfalls kann es beim Samenerguß zu einem schmerzhaften Staudruck in der Harnröhre kommen. Die als »feucht« angebotenen Präservative haben den Vorteil, daß sie mit einer gleitfähigen Schicht vorbehandelt sind und dadurch das Einführen des Gliedes in die Scheide erleichtern. Diese Gleitsubstanz ist in den meisten Fällen auch »spermizid«, also samenabtötend und damit

EIN SICHERES VERHÜTUNGSMITTEL –
BEI RICHTIGER ANWENDUNG!

eine zusätzliche Vorsichtsmaßnahme, falls der Gummi porös ist oder gar reißt. Aber auf die Reißfestigkeit des Gummis kann man sich im allgemeinen schon verlassen. Materialfehler sind extrem selten. Die Kennzeichnung »elektronisch geprüft« ist ein verläßlicher Qualitätshinweis und sollte beim Kauf berücksichtigt werden.

Die möglichen Risiken von Kondomen liegen eher in der *falschen Anwendung*. Zwei Fehler werden dabei häufig gemacht:
● Das Kondom wird *zu spät angelegt*, erst kurz vor dem Samenerguß. Man muß aber wissen, daß schon zu Beginn des Liebesspiels winzige Samentröpfchen austreten können, ohne daß der Mann dies spürt. Selbst diese geringe Menge an Spermien ist in der Lage, die Scheide der Frau zu durchwandern und eine Schwangerschaft auszulösen.
● Das Kondom wird nach dem Samenerguß *zu spät aus der Scheide gezogen*. Es kann vom erschlaffenden Glied abgleiten und bei dessen Rückzug in der Scheide bleiben. Winzige Mengen von Samen können dabei aus dem Präservativ in die Scheide gelangen.

Wenn diese Fehler vermieden werden, sind Präservative sichere Verhütungsmittel, die jedem anderen vorzuziehen sind. Da das Kondom einen unmittelbaren Kontakt zwischen Glied und Scheide verhindert, bietet es auch wirksamen *Schutz* vor Ansteckung durch Geschlechtskrankheiten und vor AIDS. Für diese Vorteile sind die kleinen Nachteile der Kondom-Anwendung in Kauf zu nehmen: Die vielleicht etwas unromantische Anlegeprozedur, die das Liebesspiel unterbricht, und die mangelnde »Gefühlsechtheit«. Doch gerade dieser Mangel kann sich schon wieder ins Gegenteil verkehren, denn es dauert in der Regel länger bis der Mann zum Samenerguß kommt. Damit erhöht sich der Genuß für beide.

Die Antibabypille

Die sogenannte Antibabypille oder einfach »die Pille« führt dem Körper der Frau regelmäßig künstlich hergestellte Sexualhormone zu. Dabei unterscheidet man *Östrogene* und *Gestagene*. Je nach Zusammensetzung und Dosierung der Hormonbestandteile gibt es sehr verschiedene Arten von Pillen, die eine Frau anwenden kann.

Die Ovulationshemmer

Sie verhindern, daß in den Eierstöcken weitere Eier heranreifen und freigesetzt werden. Es kommt also nicht zum *Eisprung* (Ovulation), daher der Name Ovulationshemmer. Der »Trick« dieser Pille: Sie täuscht dem Körper der Frau eine Schwangerschaft vor, indem sie ihm Hormone zuführt, die sich während einer Schwangerschaft natürlicherweise bilden würden. Während einer normalen Schwangerschaft bleiben die Eierstöcke untätig, ebenso bei der durch die Hormone der Pille vorgetäuschten Schwangerschaft. Früher waren diese Pillen bedenkliche Hormonbomben. Heutzutage gibt es längst niedrig dosierte Kombinations- und Stufenpräparate, die leicht verträglich sind und weniger unangenehme Nebenwirkungen haben. *Für Raucherinnen sind diese Pillen allerdings nicht geeignet*, es sei denn der Arzt stimmt zu. In *Kombinationspräparaten* befindet sich eine genau festgelegte Mischung von Östrogenen und Gestagenen, die in täglich gleicher Dosis eingenommen wird. Bei den *Stufen-* oder *Phasenpräparaten* ändert sich die Dosierung während des Zyklusfortgangs in zwei oder drei Phasen. Bei diesem Typ von Pille ist es besonders wichtig, daß die *richtige Reihenfolge* der Einzelpillen eingehalten wird.

Von diesen Grundtypen von Ovulationshemmern gibt es zahlreiche Handelsformen von verschiedenen Herstellern, die sich untereinander nur geringfügig unterscheiden. Aber auch die kleinen Unterschiede können große Bedeutung haben. Deshalb sollte sich jede Frau, insbesondere jedes junge Mädchen, vorher *von einem Frauenarzt gründlich untersuchen lassen*. Nur dieser kann beurteilen, welches Pillenpräparat im jeweiligen Einzelfall zu der Frau paßt. Es gibt auch medizinische Gründe, die eine Verschreibung der Hormonpille verbieten. Bei sehr jungen Mädchen muß der Arzt den Reifezustand der körperlichen Entwicklung feststellen. Eine bestimmte Alters-

„DIE PILLE IST MEIN RUHEKISSEN"

grenze für die Pille gibt es aber nicht. Die meisten Ärzte haben heute auch keine moralischen Bedenken mehr, jungen Mädchen die Pille zu verschreiben. Sie wissen, daß die Verweigerung der Pille viele junge Mädchen keineswegs vom Geschlechtsverkehr abhalten würde. Umfragen zufolge haben mehr als 40 % der Mädchen ihren ersten Geschlechtsverkehr vor dem 16. Geburtstag und mehr als 1200 minderjährige Mädchen werden jedes Jahr unfreiwillig Mutter – das spricht für sich.

Mädchen, die einen festen Freund und relativ häufig Geschlechtsverkehr haben, sollten also die Pille nehmen. Sie ist mit Abstand das sicherste Verhütungsmittel, das es heute gibt. Aber Vorsicht: Durch die gleichzeitige Einnahme anderer Medikamente kann die *Wirkung* der Antibabypille *beeinträchtigt* werden. Dazu gehören bestimmte Schlaf-, Schmerz-, Migräne- und Rheumamittel sowie Antibiotika und Arzneien gegen Epilepsie. Aber auch übermäßiger Alkoholgenuß kann die Verhütungswirkung verringern. Eine große Gefahr für die Sicherheit ist die *Vergeßlichkeit*. Dagegen wappnet sich jede Frau am besten, wenn sie sich daran gewöhnt, die Pille stets zur gleichen Tageszeit einzunehmen. Wenn sie die Pille trotzdem einmal vergessen hat, kann sie sie allerdings innerhalb eines je nach Präparat unterschiedlich großen Spielraumes von einigen Stunden nachreichen. Genaueres dazu steht in der Gebrauchsanleitung jeder Pillenpackung. Versteht sie die Anleitung nicht genau, muß sie den Arzt oder Apotheker fragen. Was eine gute Freundin zu dieser Frage sagt, mag für ihre Pillenmarke stimmen, muß aber nicht für die eigene gelten. Wenn eine Frau rechtzeitig vor dem Geschlechtsverkehr merkt, daß sie die Pille einmal nicht oder viel zu spät genommen hat, sollte sie *unbedingt* zusätzliche Verhütungsmittel anwenden, am besten Kondome. Bemerkt sie zu spät, daß sie die Pille vergessen hat, und besteht die Möglichkeit, daß inzwischen »etwas passiert« sein könnte, sollte sie keine weitere Pille mehr nehmen und den Arzt aufsuchen.

Die Minipille

Im Unterschied zu den »Ovulationshemmern« verhindert die Minipille nicht den Eisprung. Sie verändert die Schleimhaut in der Gebärmutter so, daß die Samenzellen nicht eindringen können. Die Minipille muß auch während der Menstruation eingenommen werden. Wichtig ist, daß sie stets zur *gleichen Tageszeit* eingenommen wird, da sonst ihre geringe Hormondosis nicht sicher wirkt. Die Minipille enthält nur sehr kleine Mengen an Gestagen und keine Östrogene. Das hat den Vorteil, daß die bei Ovulationshemmern möglichen Nebenwirkungen völlig entfallen. Es kommt aber häufig zu sogenannten *Schmierblutungen* außerhalb der Periode und zu zeitweiliger *Gewichtszunahme* durch Wassereinlagerungen. Die Minipille ist auch *weniger sicher* als die Antibabypille. Sie stellt nur eine *Ersatzlösung* dar für Frauen, die aus gesundheitlichen Gründen keine Östrogene nehmen dürfen.

Die Dreimonatsspritze

Das Wirkungsprinzip ist das gleiche wie bei der Minipille. Die Spritze ist aber höher dosiert als die Minipille und deshalb sicherer. Sie enthält eine große Menge Gestagen. Der Vorteil ist die Bequemlichkeit. Nur einmal im Vierteljahr wird eine Spritze in den Gesäßmuskel gesetzt. Der große *Nachteil* sind *häufige, unregelmäßige Blutungen* und andere Menstruationsstörungen. Nach dem Absetzen der Spritze kann die Periode bis zu 12 Monaten ausbleiben und eine *zeitweilige Unfruchtbarkeit* auftreten. Viele Ärzte warnen eindringlich vor dem Gebrauch der Dreimonatsspritze. Wenn überhaupt, sollten nur Frauen, die später keine Kinder mehr wollen, diese Spritze benutzen. Für junge Mädchen ist die Dreimonatsspritze daher *nicht geeignet!*

Die Pille danach

Das ist eine Hilfe für den *Notfall*. Sie wird nach einem ungeschützten Geschlechtsverkehr in der wahrscheinlichen fruchtbaren Phase des Zyklus angewandt. Innerhalb von 48 Stunden danach muß diese Pille – genauer: zwei mal zwei Pillen – eingenommen werden. Die ersten beiden Pillen möglichst bald nach dem Verkehr, zwölf Stunden später zwei weitere. Diese Pillen, die Hormone in hoher Konzentration enthalten, verhindern die Einnistung des befruchteten Eies in der Gebärmutterschleimhaut. Auf diese Notmaßnahme sollte eine Frau sich nicht leichtfertig verlassen. Diese Pillen haben häufig sehr *unangenehme Nebenerscheinungen* wie Übelkeit, Erbechen, Kopfschmerzen, Spannungen in den Brüsten und Blutungen außerhalb der Regel. Der Zyklusablauf kann dadurch erheblich gestört werden. Es muß *dringend* davon abgeraten werden, diese Methode mehrmals hintereinander anzuwenden, ohne eine Normalisierung der Periode abgewartet zu haben. Für junge Mädchen, die nicht regelmäßig die Antibabypille nehmen (können), kann die »Pille danach«, wenn es »passiert« ist, eine *Notlösung* sein – aber sie muß ein *Ausnahmefall* bleiben.

Wie kommen junge Mädchen an die Pille – auch gegen den Willen ihrer Eltern?

➠ Auf keinen Fall Pillen einer anderen Frau »mitbenutzen« (z. B. von der älteren Schwester oder Freundin)!

➠ In jedem Fall zum Arzt gehen!

Es gibt genügend vernünftige Ärzte, die auch sehr jungen Mädchen die Pille verschreiben, wenn es medizinisch vertretbar ist. Ist der Arzt überzeugt, daß ein 14- oder 15jähriges Mädchen über die nötigen körperlichen und geistigen Voraussetzungen verfügt, so *kann er die Pille auch ohne Zustimmung der Eltern* verordnen.

➠ Notfalls zu einem anderen Arzt gehen!

Wenn ein Arzt trotz gegebener Voraussetzungen aus rein moralischen Bedenken die Pille nicht verschreiben will, kann das junge Mädchen einen aufgeschlosseneren Arzt aufsuchen. Adressen bekommt man bei den Beratungsstellen.

➠ Wenn der Arzt aus medizinischen Gründen die Pille nicht verschreibt, sollte man nicht versuchen, trotzdem ranzukommen! Die beste Ersatzlösung: Präservativ *und* chemische Salbe gleichzeitig!

Die Antibabypille ist mit Abstand das sicherste Mittel zur Empfängnisverhütung, das man heutzutage kennt. Allerdings kann ihre Einnahme auch *negative Begleiterscheinungen* mit sich bringen. Zwischenblutungen, Übelkeit, Müdigkeit, Kopfschmerzen, Depressionen, verringerte Lust auf sexuelle Betätigung, Gewichtszunahme und Spannungen in den Brüsten können durch die Pille hervorgerufen werden. Diese Wirkungen treten jedoch sehr häufig nur in der *anfänglichen Anpassungsphase* des Körpers an die Hormone auf. Als *Langzeitwirkungen* der Pille sind Pigmentflecke, Bluthochdruck und erhöhte Neigung zu Blutgerinnseln nicht auszuschließen. *Sie werden durch das Rauchen begünstigt.*

Auch darf die Pille erst genommen werden, wenn ein stabiler Zyklus vorliegt, was bei sehr jungen Mädchen nicht der Fall ist. Auch bei bestimmten Krankheiten ist sie zu meiden. Dasselbe gilt, mit den im Text ausgeführten Einschränkungen auch für die Minipille, die Dreimonatsspritze und die Pille danach.

Die Pille für den Mann

Natürlich ist es genauso möglich, durch Hormone in die Bildung der Samenzellen einzugreifen, wie das bei der Antibabypille mit der Verhinderung der Eireifung geschieht. Wenn die entsprechenden Präparate, die von Männern eingenommen werden müßten, noch nicht verfügbar sind, so liegt das vermutlich nicht ausschließlich an den medizinisch-technischen Problemen. Es gibt jedenfalls Stimmen, die behaupten, daß die Männerpille nur deshalb noch nicht auf dem Markt ist, weil die meisten »Herren der Schöpfung« sie ablehnen würden.

Die »Aufpasser-Methode«

»Ich paß´ schon auf!«, heißt ein häufig gegebenes Versprechen von Männern, wenn sie beim Geschlechtsverkehr kein Kondom benutzen wollen. Darauf sollte sich eine Frau jedoch nie verlassen. Sie kann ihrem Partner vielleicht glauben, daß er die feste Absicht hat, sein Glied rechtzeitig vor dem Samenerguß aus der Scheide zu ziehen, und unter Umständen ist das sogar sein Wille, aber das garantiert ihr keinerlei Sicherheit. Der Mann kann gar nicht verhindern, daß schon *vor* dem Samenerguß ganz unbemerkt Samenflüssigkeit austritt. Gleich nach Versteifung des Gliedes benetzt das sogenannte »Vortröpfchen« die Eichel, um sie gleitfähig zu machen; in dieser Flüssigkeit sind in der Regel Samenzellen enthalten, die trotz ihrer geringen Menge, bei Empfängnisbereitschaft der Frau, eine Schwangerschaft wahrscheinlich machen. Der *vorzeitige Abbruch des Geschlechtsaktes,* der »coitus interruptus«, ist aber nicht nur äußerst unsicher, sondern auch noch ungesund. Die ständige Sorge, den richtigen Zeitpunkt, zu dem man das Glied aus der Scheide ziehen muß, nicht zu versäumen, verdirbt den ganzen Spaß. Natürlich versucht der Mann, das Her-

DIE „ICH PASSE SCHON AUF"- METHODE

ausziehen zu verzögern, um es so lange wie möglich genießen zu können, aber da er immer auf der Hut sein muß, kann er den Höhepunkt nie voll auskosten. Auch der Genuß der Partnerin ist erheblich eingeschränkt, zumal sie dabei immer Angst haben muß, schwanger zu werden.

Wenn diese Lustverhütungsmethode über längere Zeit hinweg angewandt wird, kann es in manchen Fällen zu nervösen und seelischen Störungen kommen, bis hin zur *Impotenz.*

Die Berechnung der unfruchtbaren Tage (Knaus-Ogino-Methode)

Diese Methode beruht auf der Tatsache, daß es im Monatszyklus der Frau eigentlich nur einen einzigen fruchtbaren Tag gibt: den Tag des *Eisprungs.* Aus dem Eierstockgewebe löst sich ein reifes Ei und wandert durch den Eileiter zur Gebärmutter. Dabei ist es aber höchstens 24 Stunden lebensfähig. Wird es in dieser Zeit nicht befruchtet, stirbt das Ei ab und wird dann mit der Monatsblutung aus der Gebärmutter herausgespült.

Der Eisprung findet im Zyklus einer Frau ziemlich genau 15 Tage vor der Periodenblutung statt. Soll die Befruchtung vermieden werden, muß man an diesem Tag – *und auch drei Tage vorher* – auf Geschlechtsverkehr verzichten, da die Samenzellen im Körper der Frau bis zum 3. Tag nach der Ejakulation lebensfähig sind und erst danach absterben. Nach dieser Rechnung würde es also nur vier »gefährliche« Tage geben. Doch um welche vier Tage handelt es sich?

Geht man bei der Berechnung von einem 28-Tage-Zyklus aus, so sind die Tage 11 bis 14 »gefährlich«. Doch es gibt keine Frau, die eine völlig regelmäßige Zyklusfolge hat. Deren Länge schwankt gewöhnlich um drei bis vier Tage, manchmal auch um fünf bis sechs Tage. Da man vorher nie weiß, wie lange der gegenwärtige Zyklus dauern wird, muß zur Sicherheit sowohl mit einem extrem kurzen, als auch mit einem extrem langen Zyklus gerechnet werden.

Wie funktioniert die Berechnung der unfruchtbaren Tage?
➠ Die Frau beobachtet ihren Zyklus über eine längere Zeit (etwa ein Jahr) und führt Buch über die Termine ihrer Periodenblutungen.
➠ Vom kürzesten beobachteten Zyklus werden 18, vom längsten 13 Tage abgezogen. War der kürzeste Zyklus 27 Tage, der längste

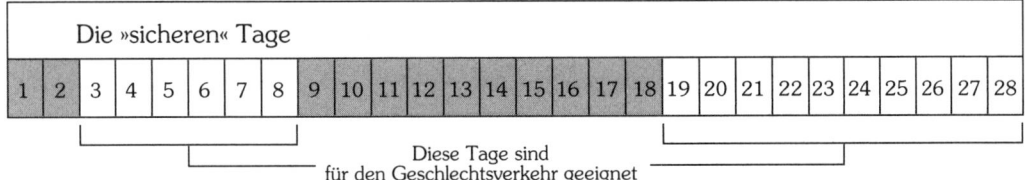

Die »sicheren« Tage

| 1 | 2 | 3 | 4 | 5 | 6 | 7 | 8 | 9 | 10 | 11 | 12 | 13 | 14 | 15 | 16 | 17 | 18 | 19 | 20 | 21 | 22 | 23 | 24 | 25 | 26 | 27 | 28 |

Diese Tage sind
für den Geschlechtsverkehr geeignet

31 Tage, so darf, wenn eine Schwangerschaft verhindert werden soll, zwischen dem 9. und 18. Tag des Zyklus kein Geschlechtsverkehr stattfinden.

Gegen die Anwendung der Knaus-Ogino-Methode spricht:

● Ungenaue Beobachtung und Berechnungsfehler führen oft zu ihrem Versagen.

● Besondere Umstände wie Klimawechsel oder seelische Störungen können Änderungen im Zyklus hervorrufen.

● Da in den ersten Jahren nach der ersten Menstruation das Zyklusverhalten fast immer stark schwankt, ist diese Methode vor allem für junge Mädchen ungeeignet.

Die Temperaturmethode

Mit dem Eisprung, etwa in der Mitte zwischen zwei Periodenblutungen, steigt die Körpertemperatur um ca. 0,5° C über normal. Wird die Temperatur täglich genau gemessen, läßt sich anhand des Temperaturanstiegs der Tag des Eisprungs bestimmen. Zuverlässige Messungen können nur durch das Einführen des Thermometers in Mund oder After erzielt werden. Messungen unter der Achselhöhle sind zu ungenau. Auch muß *jeden Morgen zur gleichen Zeit* gemessen werden, unmittelbar nach dem Aufwachen und vor dem Aufstehen, immer mit demselben Thermometer, auf dieselbe Weise (Mund oder After) und mindestens 5 Minuten lang unter absoluten Ruhebedingungen. Das Meßergebnis sollte sofort in eine bereitliegende Tabelle eingetragen werden, um eine lückenlose Aufzeichnung zu gewährleisten.

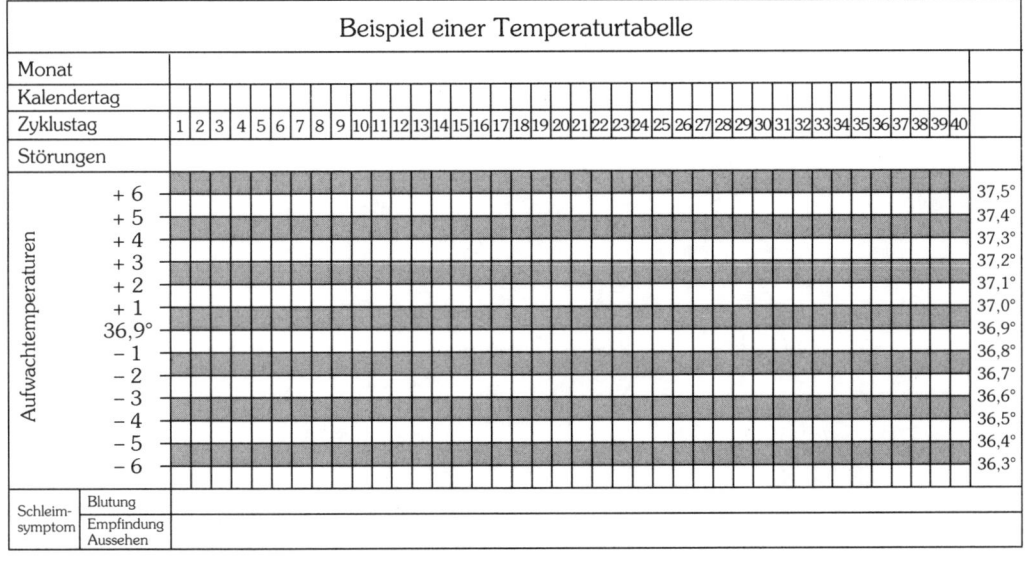

Beispiel einer Temperaturtabelle

Hat man die Temperaturwerte mindestens ein halbes Jahr lang aufgezeichnet und ist dabei regelmäßig ein deutlicher Temperaturanstieg von mindestens 0,2° C registriert worden, so kann ab dem 3. Tage nach dem Temperaturanstieg mit unfruchtbaren Tagen gerechnet werden. Doch auch schon drei Tage vor dem Eisprung darf kein Geschlechtsverkehr mehr stattfinden!

Temperaturkurve

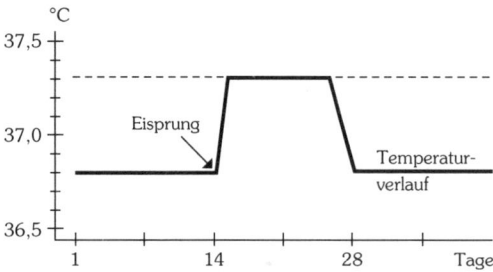

Die Methode funktioniert allerdings nur bei einem stetigen Lebensrhythmus mit regelmäßigen Schlafgewohnheiten und erfordert von der Anwenderin eine hohe Disziplin. Bei unruhigem oder unterbrochenem Schlaf, bei größerem Alkoholkonsum am Vorabend, bei Einnahme von Schlafmitteln und anderen Medikamenten, bei Erkältungen und anderen Infektionskrankheiten kann die Aufwachtemperatur leicht erhöht sein, ohne daß der Eisprung stattgefunden hat. Das führt in der Regel zu verhängnisvollen Fehlurteilen.

Chemische Verhütungsmittel

Keine Vorurteile gegen chemische Mittel: Die verschiedenen Cremes, Zäpfchen und Tabletten mit oder ohne Schaumwirkung sind in der Scheide meist gut verträglich und zeigen sehr selten Nebenwirkungen (Schleimhautreizungen). Die chemischen Mittel können auf zweierlei Weise verhütend wirken: entweder sie machen die Samenzellen bewegungsunfähig und bringen sie zum Absterben, oder sie breiten sich als undurchdringliche Schicht über den Gebärmuttereingang. In jedem Falle müssen sie einige Zeit *vor* dem Geschlechtsverkehr in die Scheide eingeführt werden, damit sie durch die Körpertemperatur und durch die Scheidenflüssigkeit zum Schmelzen gebracht werden und sich entfalten können. Folgende chemische Mittel erhält man rezeptfrei in jeder Apotheke:

Cremes: Sie sind in Tuben erhältlich und werden mit einer Art Plastikspritze so tief wie möglich in die Scheide eingeführt. Dies macht die Frau zweckmäßigerweise in Rückenlage

mit angezogenen Beinen. Die Wirkung hält etwa eine Stunde an. Bei mehrmaligem Geschlechtsverkehr – auch innerhalb einer Stunde – muß die Prozedur aber jeweils wiederholt werden.

Zäpfchen und *Tabletten* ohne Schaumwirkung:

Sie müssen ungefähr 10 Minuten vor dem Geschlechtsverkehr in die Scheide eingebracht werden. Auch ihre Wirkung reicht jeweils gerade für einen Samenerguß aus.

Schaumbildende Präparate:

Sie gibt es als Tabletten oder in Tuben. Etwa fünf Minuten vor dem Geschlechtsakt und vor jedem weiteren müssen sie in die Vagina eingeführt werden. Um eine ausreichende Schaumbildung zu erreichen, empfiehlt es sich, diese Mittel vorher anzufeuchten. In der Scheide bildet sich nämlich nicht immer genügend *Scheidensekret*, um diese Mittel schnell genug aufzulösen.

Die schaumbildenden Präparate sind sicherer als die nichtschäumenden, weil die spermienhemmenden Stoffe durch den Schaum schneller und besser verteilt werden.

Die Zuverlässigkeit chemischer Verhütungsmittel ist vor allem bei falscher oder nachlässiger Anwendung eingeschränkt. Gerade Jugendliche – das haben Untersuchungen gezeigt – machen oft den Fehler, chemische Mittel *zu früh* oder *zu spät* in die Scheide einzuführen.

Zu empfehlen sind chemische Verhütungsmittel nur als Ergänzung von mechanischen Mitteln wie Kondom oder Pessar – zur zusätzlichen Sicherheit!

Vor der *nachträglichen* Anwendung spermientötender Stoffe – einer *Scheidenspülung* nach dem Geschlechtsverkehr – muß gewarnt werden. Diese Methode aus (Ur-)Großmutters Zeiten ist sehr unsicher, da sich der Samen aus den vielen kleinen Falten der Vagina nur sehr schwer ausspülen läßt. Darüber hinaus besteht die Gefahr von Entzündungen und sonstigen schädlichen Folgen, denn die Spül-lösung muß mit Druck in die Scheide gepumpt werden und kann so auch in die Gebärmutter eindringen.

Es sollte auch auf eine Scheidenspülung verzichtet werden, die den Zweck verfolgt, vorher eingeführte chemische Verhütungsmittel wieder auszuwaschen. Es besteht die Gefahr, daß die empfängnisverhütenden Substanzen zu früh entfernt werden und es ist auch ganz unnötig, da sich die Scheide von selbst reinigt.

Das Scheidenpessar

Dieser mit einem elastischem Material überzogene Drahtring, wird so tief in die Scheide gesetzt, daß er den Gebärmuttereingang abdeckt und das Eindringen von Spermien verhindert. Das Scheidenpessar – auch *Mensinga-Pessar* oder *Diaphragma* genannt – muß vor jedem Geschlechtsverkehr eingelegt werden. Frühestens 8 Stunden danach kann es wieder entfernt werden, spätestens aber nach 12 Stunden, weil es sonst zu Entzündungen kommen kann. Nach dem Herausnehmen muß das Pessar gründlich mit warmem Wasser gereinigt und danach trocken und geschützt aufbewahrt werden. Man kann den Sicherheitsgrad des Pessars erhöhen, wenn man es vor dem Einführen auf beiden Seiten und an den Rändern mit *spermientötenden Salben* bestreicht.

Ob eine Frau ein Pessar verwenden kann und welches, muß der Arzt entscheiden. Er übt mit ihr dann das richtige Plazieren, so daß die Frau es bald ohne Hilfe selbst kann. Aber viele Frauen empfinden diese Prozedur als zu umständlich und lästig. Ob dieses Verhütungsmittel auch für junge Mädchen geeignet ist, muß im Einzelfall mit dem Arzt abgesprochen werden.

Die Portiokappe

Das ist eine Kappe aus Kunststoff, die vom Arzt über den *Gebärmuttermund* (Portio) gestülpt wird. Sie wirkt wie ein Pessar, hat aber den Vorteil, daß sie nicht ständig entfernt werden muß. Sie bleibt während des gesamten Zyklus in Position und wird nur für die Dauer der Regelblutung entfernt. Ein daraus folgender Nachteil ist, daß die Frau zweimal im Monat den Frauenarzt aufsuchen muß.

Einen wichtigen Einwand gegen dieses Verhütungsmittel gibt es allerdings: Es kann zu unangenehmen Begleiterscheinungen kommen, denn wo sich die Kappe festsaugt, bilden sich leicht *Druckstellen*, und durch den Rückstau von Sekreten besteht sogar die Gefahr von *Entzündungen an der Gebärmutter* und *in den Eileitern*.

Die Spirale

Die sogenannte Spirale ist ein Pessar, das nicht vor, sondern in die Gebärmutter (Uterus) *hinein* gesetzt wird. Deshalb wird die Spirale auch Intrauterinpessar genannt. Sie besteht aus einem kleinen Plastikstäbchen in Form eines T oder einer 1 und enthält häufig noch einen Kupferdrahtbestandteil oder ein Hormondepot. Die Spirale verhindert nicht das Eindringen von Spermien in die Gebärmutter, sondern die Einnistung des befruchteten Eies in die Gebärmutterschleimhaut. Das Einsetzen der Spirale durch einen geübten Arzt ist fast schmerzlos. Sie hat den Vorteil, daß sie nur jedes zweite bis fünfte Jahr gewechselt werden muß, je nach Ausführung. Allerdings sollte zweimal im Jahr eine Kontrolluntersuchung stattfinden.

Zusammenfassende Übersicht			
Methode	**Anwender**	**Sicherheit**	**Nebenwirkungen**
Unterbrochener Koitus	er	sehr unsicher	nervöse und seelische Störungen
Berechnung der unfruchtbaren Tage	sie	sehr unsicher	keine
Temperaturmethode	sie	unsicher	keine
Kondom	er	relativ sicher	keine
Chemische Verhütungsmittel	sie	unsicher	Hautreizungen (selten)
Scheidenspülungen	sie	sehr unsicher	Gebärmutterentzündungen
Scheidenpessar	sie	in Kombination mit chemischen Mitteln relativ sicher	keine
Portiokappe	sie	wie Pessar	manchmal Druckstellen und Entzündungen
Spirale (Intrauterinpessar)	sie	relativ sicher	nicht selten Blutungen, Ausfluß, Entzündungen
Antibabypille	sie	sehr sicher	es können verschiedene kurz- und langfristige Nebenwirkungen auftreten (siehe S. 70-73)

Die Spirale ist ein relativ sicheres Verhütungsmittel, hat aber häufig *Nebenwirkungen*:
Blutungen, verstärkten Ausfluß, Krämpfe im
Unterleib und Entzündungen können vor allem dann auftreten, wenn die Spirale zum ersten Mal eingesetzt wurde. Auch nach länge-
rem Tragen kann es zu gelegentlichen Zwischenblutungen und stärkerer oder schwäche-
rer Menstruation kommen. Das ist jedoch kein
Grund zur Besorgnis. Wenn allerdings plötzlich starke Blutungen oder Fieber auftreten
oder wenn die Menstruation ausbleibt, ist *um-
gehend* ein Frauenarzt aufzusuchen, denn es
kann eine *Schwangerschaft* vorliegen. Manchmal kommt es beim Einsetzen der Spirale zu
Verletzungen der Gebärmutter. Vor allem für
junge Mädchen mit späterem Kinderwunsch
können sich die Folgen ungünstig auswirken.

Schwangerschaftsabbruch

Wann ist ein Schwangerschaftsabbruch erlaubt?

Nach dem Urteil des Bundesverfassungsgerichts vom Juni 1993 bleibt der Schwangerschaftsabbruch rechtswidrig, aber unter bestimmten Bedingungen straffrei.

Das Recht des Ungeborenen auf Leben sei ein »selbständiges Rechtsgut«, das auch gegenüber seiner Mutter geschützt sei. Sie habe eine grundsätzliche »Rechtspflicht«, das Kind auszutragen. Es gebe aber Ausnahmefälle (»Indikationen«), in denen es zulässig sei, der Frau diese Rechtspflicht *nicht* aufzuerlegen: wenn Leben oder Gesundheit der Frau ernsthaft gefährdet sind und bei allen Belastungen, die ein unzumutbares Maß »an Aufopferung eigener Lebenswerte verlangen«.

Der Gesetzgeber muß nun diese Ausnahmefälle genau beschreiben. Bis dies geschehen ist, gilt seit dem 16.6.1993 für ganz Deutschland folgende Übergangsregelung:

Eine Abtreibung bleibt in den ersten drei Monaten der Schwangerschaft *straffrei*,
- wenn der Abbruch von einem Arzt auf Verlangen der Frau vorgenommen wird und
- wenn sich die Frau mindestens drei Tage vor dem Eingriff von einer anerkannten Beratungsstelle hat beraten lassen.

Die *Kosten* für den Schwangerschaftsabbruch tragen die Krankenkassen nur noch
- bei Gefahr für Leben oder die Gesundheit der Schwangeren (»Medizinische Indikation«);
- bei Gefahr einer nicht behebbaren Schädigung des Kindes (»Embryopathische Indikation«);
- bei einer Schwangerschaft, die durch Vergewaltigung entstanden ist (»Kriminologische Indikation«).

Frauen, die ohne eine solche Indikation abtreiben, müssen die Kosten des Eingriffs selbst tragen. Wer dazu nachweisbar nicht in der Lage ist, hat Anspruch auf Sozialhilfe. Die soziale Notlage ist der häufigste Grund für Abtreibungen. In der Bundesrepublik Deutschland (alte Länder) wurden jährlich etwa 7500 legale Schwangerschaftsabbrüche registriert. Fast 90% wurden mit einer sozialen Notlage begründet. Unter diesen Frauen waren jährlich etwa 1500 jünger als 18 Jahre. In den neuen Bundesländern gehörten in den letzten Jahren je 2000 Schwangere zu dieser jüngsten Altersgruppe. Dabei handelt es sich meistens um Schülerinnen, Auszubildende und arbeitslose Jugendliche, die in sozial ungünstigen Verhältnissen leben und deshalb ihr Kind nicht zur Welt bringen wollen.

Für viele junge Frauen ist es aber nicht nur eine Frage des Geldes, wenngleich dieser Aspekt, angesichts der Tatsache, daß die durchschnittlichen Verbraucherausgaben für ein Kleinkind in der BRD zur Zeit etwa 550 DM pro Monat betragen, doch erheblich ins Gewicht fällt. Unabhängig von der finanziellen Situation ist es für junge Frauen vor allem wichtig, die schulische oder berufliche Ausbildung nicht abbrechen zu müssen. Der Abbruch der Ausbildung ist aber für junge Mütter, die ihr Kind selbst aufziehen wollen und diese Aufgabe wirklich ernst nehmen, meist notwendig. Ein Kind ist keine Sache, mit der man sich nur dann zu beschäftigen braucht, wenn man gerade dazu aufgelegt ist. Gerade kleine Kinder fordern in den ersten Lebensjahren eine sehr intensive Betreuung rund um die Uhr, die kaum noch Zeit für etwas anderes – und besonders nicht für eine gründliche Ausbildung – läßt.

Viele junge Frauen kommen – nach sicher schmerzlichem Abwägen des Für und Wider – zu dem Schluß, daß eine ungewollte Schwangerschaft einen erheblichen Eingriff in ihr Leben darstellen würde, denn in unserer Gesellschaft ist gerade für Frauen eine abgeschlossene Ausbildung meist das einzige »Startkapital« fürs Leben. Frauen, die nach einigen Jahren der Kindererziehung berufstätig werden wollen (oder müssen), tun sich auf dem Arbeitsmarkt besonders schwer, wenn sie keine abgeschlossene

Schul- und Berufsausbildung vorzuweisen haben. Auch für junge Väter, die wegen des ungeplanten Babys ihre Ausbildung abbrechen, um in irgendeinem Job genügend Geld für die junge Familie zu verdienen, stellt es sich später oft als großer Nachteil heraus, keinen Ausbildungsabschluß zu besitzen. Es ist also wichtig für junge Leute, die vor einer solch schwerwiegenden Entscheidung für oder gegen eine Schwangerschaft zum unpassenden Zeitpunkt stehen, auch ihre langfristigen Existenzprobleme in dieser »Leistungsgesellschaft« zu sehen und zu berücksichtigen. Nur mit dieser zukunftsorientierten und realistischen Sicht durchschaut man die Gefahr kurzfristiger Verlockungen, wie zum Beispiel finanzielle Hilfeversprechungen von Eltern, Verwandten, Freunden, Banken, die Kredite anbieten, und Wohlfahrtseinrichtungen aller Art.

Manchmal begeben sich junge Eltern, die sich auf Hilfe von außen verlassen, damit auch in eine gewisse Abhängigkeit, denn sie müssen sich dann von ihren Helfern in ihre Lebensführung und in die Kindererziehung hineinreden lassen, sofern ihnen die nicht mehr oder weniger ganz aus der Hand genommen wird.

Über die vom Staat zur Verfügung gestellten sozialen Hilfen für junge Mütter und junge Familien sollte sich jeder genau informieren und dann urteilen, ob sie auch langfristig ausreichend sind.

Finanzspritzen für junge Eltern

● *Bundeserziehungsgeld:* Es kann sowohl von Müttern wie auch von Vätern beantragt werden und beträgt maximal 600,– DM im Monat. Wieviel die Antragsteller genau bekommen, hängt davon ab, über welches eigene Einkommen sie verfügen. Schüler und Schülerinnen zum Beispiel, die weder einen Arbeitslohn noch »Lohnersatzleistungen« vom Arbeitsamt erhalten, können mit 600,– DM Erziehungsgeld pro Monat rechnen. Ein junges Ehepaar z. B., bei dem der Ehemann einen Job hat, bekommt je nach Monatsverdienst weniger. Der Antrag auf Bundeserziehungsgeld muß nach einem Jahr unter Angabe des vielleicht inzwischen gestiegenen Erwerbseinkommens neu gestellt werden.

Das Bundeserziehungsgeld wird längstens 24 Monate lang bezahlt. Manche Bundesländer ergänzen das Bundeserziehungsgeld um ein anschließendes Landeserziehungsgeld (Baden-Württemberg, Bayern und Berlin). Auskünfte darüber gibt die Gemeindeverwaltung.
● Finanzielle Unterstützung gibt es auch bei der *Bundesstiftung »Mutter und Kind«* (Auskünfte bei den Beratungsstellen der Wohlfahrtsverbände) sowie bei den Landesstiftungen *»Familie in Not«* in Baden-Württemberg, Niedersachsen, Schleswig-Holstein und Rheinland-Pfalz, *»Hilfe für Familie«* in Berlin, *»Hilfe für Mutter und Kind«* in Bayern.

Alle möglichen finanziellen Hilfen werden von der Beratungsstelle, die die Schwangere aufsuchen muß, im einzelnen ausführlich geschildert, um deren Entscheidung für »die Fortsetzung der Schwangerschaft ... zu erleichtern« (§ 219 StGB alt und neu). Die jungen Frauen sollten sich am besten schon vor dem Beratungstermin überlegen, ob diese finanziellen Angebote überzeugend sind. Das viel wichtigere Argument für Jugendliche ist ihre Berufsausbildung, die nicht unterbrochen werden sollte, weil sie sich damit ihre berufliche Zukunft verbauen würden.

Wenn eine junge Frau sich für eine Schwangerschaftsunterbrechung entscheidet, sollte sie möglichst *keine Zeit verlieren.*

Zwar beträgt die Frist für Schwangerschaftsunterbrechungen 12 Wochen; aber der Beginn der Schwangerschaft wird vom ersten Tag der letzten Periode an gerechnet. Wenn man zum Beispiel acht Tage nach dem Ausbleiben der erwarteten Periodenblutung einen Schwangerschaftstest machen läßt und dieser »positiv« ausfällt, das heißt die Schwangerschaft bestätigt, ist man bereits in der 6. Woche. Und es gibt noch viel zu tun!

Wenn eine Frau abtreiben will – was ist zu tun?

● Erst mal mit sich selbst ins reine kommen: Wie stelle ich mir mein zukünftiges Leben vor? Will ich eine möglichst gute Ausbildung und einen befriedigenden Beruf haben? Dies schließt ja nicht aus, die Tätigkeit für ein paar Jahre zu unterbrechen, um ein Kind aufzuziehen. Oder will ich lieber gleich auf berufliche Chancen verzichten und als erstes eine Familie gründen? Dies schließt das Risiko ein, später einmal keinen qualifizierten Beruf ergreifen zu können. Kann und will ich mir das leisten?

• Gespräche mit dem Vater des Kindes, mit guten Freunden, mit den Eltern und vielleicht auch mit den Lehrern oder sonstigen Vertrauten führen; sich dabei nichts einreden lassen, ohne deren Argumente zu prüfen: Berücksichtigen diese mein persönliches Interesse, meine Bedürfnisse? Sich von den Eltern nichts gegen die eigene Überzeugung verbieten lassen.

• Bei minderjährigen Schwangeren ist die Zustimmung der Eltern nicht notwendig, wenn die Jugendliche geistig in der Lage ist, die Bedeutung des Schwangerschaftsabbruchs zu erfassen. Ab 16 Jahre wird im allgemeinen vorausgesetzt, daß dies der Fall ist. Doch muß sich der Arzt in jedem Fall ein eigenes Urteil über die Einsichts- und Willensfähigkeit der Minderjährigen verschaffen. Er kann auch bei 15- oder 14jährigen Mädchen zu einem positiven Urteil kommen.

• Eine anerkannte Beratungsstelle anrufen und einen Gesprächstermin vereinbaren. Die Adressen von Beratungsstellen gibt es bei der Gemeindeverwaltung, in jedem Fall beim Jugend-, Sozial- oder Gesundheitsamt. Zur Vorbereitung des Gesprächs ist es sehr wichtig, die eigenen Beweggründe für die beabsichtigte Abtreibung klar zu formulieren. Die Beratungsstellen sind verpflichtet, die Schwangeren zu »ermutigen«, das Kind auszutragen. Eine Frau, die weiß, was sie will, läßt sich durch den amtlich verordneten Optimismus nicht von ihrer wohlbegründeten Entscheidung abbringen. Sie versucht, die Argumente »für« das Kind zu widerlegen.

• Mit der Bescheinigung der Beratungsstelle ist nun ein Arzt aufzusuchen, der die Entscheidung der Frau akzeptiert. Adressen von Ärzten, die für soziale Notlagen von Frauen Verständnis haben, ohne sie auszunutzen, gibt es bei Frauengruppen, Fraueninitiativen, Frauencafés, Mädchentreffpunkten und ähnlichen freien Verbänden, die nicht unter einem amtlichen Druck stehen. Solche Organisationen finden sich im Anhang dieses Buches.

Abtreibung in Österreich

Der Schwangerschaftsabbruch ist zwar grundsätzlich verboten (§ 96 Strafgesetzbuch), jedoch läßt § 97 StGB Ausnahmen zu. Erlaubt ist der Schwangerschaftsabbruch innerhalb der ersten drei Monate, wenn er auf Antrag der Schwangeren von einem niedergelassenen Arzt oder einem Krankenhaus nach vorhergehender ärztlicher Beratung stattfindet. Das Gesetz verlangt nicht, daß Beratung und Eingriff bei zwei verschiedenen Ärzten stattfinden müssen.

Trotz dieser liberalen Rechtslage gibt es in Österreich nicht sehr viele Ärzte und Krankenhäuser, die Schwangerschaftsabbrüche durchführen. Insbesondere in den westlichen Landesteilen gibt es sehr wenig Abbruchmöglichkeiten. Und die Krankenkassen zahlen für diesen Eingriff nicht. Die Kosten betragen für Privatpatienten oft bis zu 21.000,– Schilling, in manchen Kliniken aber auch nur 2800,– Schilling. Der § 97 StGB ist heftig umstritten.

Abtreibung in der Schweiz

Der Schwangerschaftsabbruch, der nach Artikel 118 und 119 Strafgesetzbuch untersagt ist, bleibt nach Artikel 120 straffrei, wenn
• er mit schriftlicher Zustimmung der Schwangeren,
• von einem examinierten Arzt ausgeführt wird,
• nachdem auch ein zweiter Arzt dem Abbruch zugestimmt hat,
• mit dem Ziel, eine große Gefahr für die Gesundheit der Schwangeren zu verhindern, wenn diese Gefahr auf keine andere Weise abwendbar ist.

In den katholischen Innerschweizer Kantonen wird der Begriff »Gesundheit der Frau« sehr eng aufgefaßt, so daß es Abtreibung nur nach medizinischer Indikation gibt. In den großen Städten Zürich, Basel und Bern sowie in der Welschschweiz gibt es Gutachter, die auch die psychische Gesundheit und das soziale Wohlbefinden der Frau berücksichtigen. Im Kanton Zürich kann jeder Psychiater ein Gutachten über den Schwangerschaftsabbruch erstellen. Bekannt für liberale Auslegung des Gesetzes ist der »Sozialmedizinische Dienst« der Universitätsfrauenklinik in Basel. Dort wird die Frau, die abtreiben will, von einem Team von Gynäkologen, Psychiatern und Sozialarbeitern beraten und begutachtet (siehe Adressen am Ende des Buches).

Methoden des Schwangerschaftsabbruchs

● *Absaugmethode:* Die oberflächliche Schleimhaut der Gebärmutter, die die Frucht enthält, wird mit einem kleinen Rohr abgesaugt. Das ist etwa bis zur zehnten Woche der Schwangerschaft möglich.

● *Ausschabung:* Mit der *Kürette*, das ist ein löffelähnliches Instrument, wird der Inhalt der Gebärmutter entfernt.

Der Blutverlust sowie die Verletzungs- und Infektionsgefahr sind bei der Absaugmethode erheblich geringer. Auch wegen der Kürze des Eingriffs (etwa eine Minute) ist die Absaugmethode *vorzuziehen.* Bei beiden Methoden findet der Eingriff unter Narkose bzw. örtlicher Betäubung statt.

In den folgenden 2 bis 3 Tagen treten gelegentlich Blutungen auf. Halten die Blutungen länger an und sind sie stark, sollte die Frau sofort den Arzt aufsuchen.

Schwangerschaft und Geburt

Erste Anzeichen

Das erste Zeichen für den Beginn einer
Schwangerschaft ist das Ausbleiben der Menstruation zum gewohnten Zeitpunkt. Außerdem stellen sich bei den meisten Frauen folgende Symptome ein:

● häufigere Übelkeit, vor allem morgens;

● ein ungewöhnlich großes Schlafbedürfnis;

● häufiger Harndrang;

● langsames Anschwellen der Brüste; die
Brustwarzen werden (etwa ab dem zweiten
Monat) deutlich dunkler; es kann bereits Vor-
milch (Kolostrum) austreten;

● das sich entwickelnde Kind macht sich (um
die 18. bis 20. Woche) durch die ersten Bewegungen bemerkbar;

● die Haut im Bereich um die Scheide wird
dunkler und bläulich; vom Nabel abwärts ver-
läuft oft eine dunkle Linie; auch Stirn und
Wangen können verfärbt sein;

● ab dem dritten Monat wölbt sich der Bauch
aus dem Beckenbereich nach vorne;

● die werdende Mutter nimmt deutlich an
Gewicht zu.

Verlauf der Schwangerschaft

Die Entwicklung von der befruchteten Eizelle
bis zur Geburt des Kindes dauert ca. 266
Tage, das sind knapp neun Monate. Bis zum
3. Schwangerschaftsmonat wird die Lebens-
frucht *Embryo* genannt, anschließend spricht
man vom *Fötus*.

Der Embryo schwimmt im Fruchtwasser
der Fruchtblase, ist dadurch vor Austrocknung
geschützt und gegen Stöße abgepolstert. Die
Fruchtblase wird durch die innerste der drei
Eihüllen, die sogenannte *Schafhaut* (Amnion)
gebildet. Die beiden äußeren Eihäute werden
zum *Mutterkuchen* (Plazenta) ausgeformt, der
am Ende des vierten Monats voll funktionsfä-
hig ist. Er versorgt den Fötus mit Sauerstoff
und Nährsubstanzen aus dem mütterlichen
Blut. Umgekehrt gibt der Fötus unbrauchbare
Stoffwechselprodukte wie Kohlendioxid,
Harnstoff usw. an den Kreislauf der Mutter ab.
Der kindliche und der mütterliche Blutkreislauf
sind also miteinander verbunden. Deshalb
muß die schwangere Frau darauf achten, welche Stoffe sie ihrem Körper zuführt. *Alkohol*
und *Nikotin* sind eine *Gefahr* für die gesunde
Entwicklung des Babys. Das gleiche gilt selbstverständlich für sonstige Drogen aller Art.
Auch *Medikamente* soll die Schwangere nur

mit *ausdrücklicher Genehmigung* des Arztes einnehmen. Auch die Einnahme von »harmlosen«, rezeptfreien Medikamenten darf nur ein Arzt gestatten. *Röntgenuntersuchungen* während der Schwangerschaft sind *sehr gefährlich*, da es zu Mißbildungen des Kindes kommen kann.

Zu einer *Fehlgeburt*, also zu einem vorzeitigen Abbruch der Schwangerschaft durch den eigenen Organismus der Schwangeren kann es aus vielerlei Gründen kommen. Bis zur 28. Woche ist der Fötus außerhalb des Mutterleibes nicht lebensfähig. *Frühgeburten* sind deshalb Sieben- oder Achtmonatskinder.

Wachstum des Fötus
Diese Grafik verdeutlicht das Längenwachstum des Kindes im Mutterleib. Am Ende des dritten Monats ist es erst 7 cm, kurz vor der Geburt dann etwa 50 cm groß.

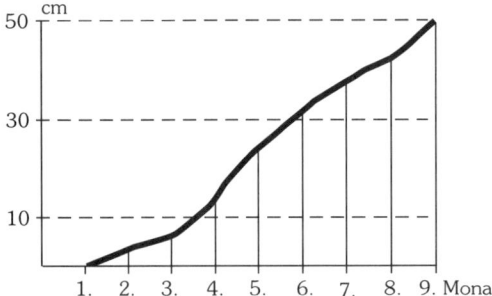

Während der neun Monate dauernden Entwicklung des Kindes im Mutterleib sind aus einer Zelle etwa 2 Milliarden Zellen geworden. Die sich vermehrenden Zellen werden im Laufe der Entwicklung immer spezialisierter, das heißt: Für jedes Organ sind ganz besondere Zelltypen zuständig. Der »Bauplan«, nach dem die Zellen sich entwickeln und ihre unterschiedlichen Aufgaben übernehmen, ist in der Erbsubstanz, den Genen, vorprogrammiert. Alle nur vorstellbaren Körpermerkmale wie Haar- und Augenfarbe, Gesichts- und Körperform, Geschlecht und Körpergröße werden von ihnen bestimmt. Die vielen Gene sind zu Gebilden zusammengefaßt, die man *Chromosomen* nennt.

Die Geburt

Wenn das werdende Kind im Mutterleib ausgereift ist, stellen sich etwa drei Wochen vor der Geburt die *Senkwehen* ein, die allerdings nicht mit den *Geburtswehen* verwechselt werden dürfen. Ihr Name leitet sich von dem Umstand ab, daß sich in dieser Zeit die Gebärmutter mit dem Kind in Richtung Scheide senkt. Dabei zieht sich die Gebärmuttermuskulatur gelegentlich zusammen.

Schon einige Zeit vor der Geburt stellt der Arzt fest, welche Lage das Kind in der Gebärmutter einnimmt. Von dieser Lage hängt es ab, mit welchem Körperteil das Kind zuerst aus der Scheidenöffnung hervorkommt. Normalerweise ist dies der Kopf. Man bezeichnet das als *Kopflage*. Auch die sogenannte *Steißlage* ist unproblematisch. In diesem Fall kommen das Gesäß oder auch die Beine zuerst zum Vorschein. Anormale Lagen – zum Beispiel wenn das Kind querliegt, einen Arm oder eine Schulter vorne hat – korrigieren sich in den meisten Fällen im Verlauf der Geburt von selbst, oder sie können von der Geburtshelferin beeinflußt werden. Zu Komplikationen führen sie jedoch selten.

Den Verlauf der Geburt unterteilt man in mehrere Perioden: *Eröffnungs-, Austreibungs- und Nachgeburtsperiode*. Beim ersten Kind dauert die Eröffnungsperiode meist etwa 18 Stunden, die Austreibungsperiode etwa eine Stunde. Bei weiteren Kindern verkürzen sich die Phasen meist erheblich.

Während der Eröffnungsperiode treten etwa alle 15 Minuten *Wehen* auf, die ihre Ursache im Zusammenziehen der Gebärmutter haben. Jede Kontraktion dauert ungefähr eine halbe Minute. Gegen Ende der Eröffnungsperiode werden die Wehen immer stärker und schmerzhafter und sie kommen in immer kürzeren Zeitabständen. Die Eröffnungsperiode ist abgeschlossen, wenn der Gebärmuttermund ganz geöffnet und die *Fruchtblase* geplatzt ist. (Austritt des Fruchtwassers).

Chronologischer Ablauf der Schwangerschaft		
Wochen	**Entwicklungsvorgänge**	**Größe**
1. Woche	Befruchtung. Wanderung des Keimbläschens durch den Eileiter. Einnistung in die Gebärmutterschleimhaut.	
2. Woche	Der Embryo besteht schon aus einigen hundert Zellen. Ausbildung von Nabelschnur, Mutterkuchen und Fruchtblase.	
3. Woche	Ausbildung eines Nervenstrangs. Urkeimzellen entstehen, aus denen später Spermien und Eizellen hervorgehen. Anfang der Entwicklung von Augen und Ohren.	2,5 mm
4. Woche	Ein röhrenförmiges Vorherz beginnt zu schlagen. Die Ansätze der Arme und Beine werden als winzige Knospen sichtbar.	4 mm (10 000mal größer als das Ei)
5. Woche	Das Herz schlägt schneller. Hände, Arme und die Schulter lassen sich langsam unterscheiden. Allmählich bilden sich auch die Nase, der Oberkiefer und der Magen.	13 mm
6. Woche	Es können einzelne Finger, Zehen und Augenlider erkannt werden. Das Skelett aus knorpeliger Substanz formt sich aus. Auch die Entwicklung der Lunge, des Kreislaufsystems, von Gehirn und Nervensystem sowie des Magens, des Darms, der Leber, der Nieren, der Blase und der Fortpflanzungsorgane macht Fortschritte.	2 cm
7. Woche	Äußeres Ohr ist fast völlig ausgebildet. Ober- und Unterkiefer, Lippen und die ersten Ansätze der späteren Zähne.	2,5 cm
8. Woche	Der Kopf des Embryos ist im Verhältnis zum übrigen Körper sehr groß. Der Halsansatz ist schon erkennbar.	3,5 cm
9. Woche	Von nun an spricht man vom Fötus. Das Geschlecht kann jetzt äußerlich deutlich festgestellt werden. Spontan können Bewegungen auftreten. Die Nägel beginnen zu wachsen.	6 cm
12. Woche	Die Entwicklungsphase ist zu Ende. Es beginnt die Wachstumsperiode des bisher erst 21 g schweren Fötus.	7 cm
18. Woche	Es werden Kopfhaar, Wimpern, Brauen und Brustwarzen sichtbar. Die Mutter kann die Bewegungen des Kindes spüren. Gewicht: ca. 180 g.	20 cm
22. Woche	Die Augenlider öffnen sich. Rücken, Arme und Hände sind mit flaumigem Haar (Lanugo) bedeckt. Frühgeburten in diesem Zeitraum können schon überlebensfähig sein. Das Ungeborene wiegt 600 g.	30 cm
30. Woche	Fingernägel voll ausgebildet. Der Fötus begibt sich im allgemeinen in seine endgültige Lage: mit dem Kopf nach unten. Gewicht steigt auf etwa 1700 g.	40 cm
34. Woche	Gewicht: ungefähr 2300 g.	44,5 cm
38. Woche	Kurz vor der Geburt stellt das Kind sein Wachstum ein. Es wiegt durchschnittlich 3300 g.	ca. 50 cm

Das Kind gelangt nun aus der Gebärmutter heraus in den *Scheidenkanal*; durch Kontraktionen der Bauchmuskulatur wird es herausgepreßt. Diese zweite Phase der Geburt, die Austreibungsperiode, ist durch die *Preßwehen* gekennzeichnet. Sie endet mit der Geburt des Kindes durch die Scheidenöffnung.

Die Nachgeburtsperiode dauert nur wenige Minuten, in denen die Plazenta (der Mutterkuchen) abgestoßen wird.

Schmerzen, Verkrampfungen und Ängste während der Geburt können gering gehalten werden, wenn sich die werdende Mutter während der Schwangerschaft in einem Kurs darauf vorbereitet. Sie wird dabei nicht nur psychologisch auf die Entbindung eingestellt, sondern lernt auch die für die einzelnen Geburtsphasen jeweils richtige Atemtechnik. Je besser die werdende Mutter vorbereitet ist, desto weniger müssen bei der Entbindung dämpfende und betäubende Stoffe eingesetzt werden, die auch für das Kind schädlich sein können. Dieses Verfahren, möglichst wenig mit künstlichen Mitteln einzugreifen, wird »*natürliche Geburt*« genannt.

Natürlich gibt es im Gegensatz dazu keine »künstliche Geburt« – aber sehr wohl eine künstlich *eingeleitete Geburt*. Wenn es dem Arzt zweckmäßig erscheint, wird er den Geburtstermin durch einen Eingriff selbst bestimmen. Das geschieht durch die Sprengung der Fruchtblase und durch die Gabe eines Hormones, das die Wehen auslöst.

Häufig kommt der Arzt dem natürlichen Geburtsvorgang durch kleinere Eingriffe etwas zu Hilfe. Mit dem *Dammschnitt*, einem kleinen Schnitt am Scheidenrand, erweitert er die Öffnung, um zu vermeiden, daß auf den Kopf des Kindes ein zu großer Druck ausgeübt wird oder daß der Scheideneingang zerreißt. Die kleine Wunde vom Dammschnitt wird nach der Geburt genäht und heilt schnell.

Wenn die Austreibungsperiode zu lange dauert, zum Beispiel, weil die Mutter zu erschöpft ist, um das Kind ohne Hilfe herauszupressen, wird eine *Zangenentbindung* durchgeführt. Dabei faßt der Geburtshelfer den Kopf des Kindes mit einem zangenähnlichen Instrument, um es herauszuziehen.

Der *Kaiserschnitt* wird angewendet, wenn der Kopf des Kindes im Verhältnis zum Bekken der Mutter zu groß ist, so daß eine Normalentbindung nicht möglich ist. Dabei werden die Bauchwand und die Gebärmutter operativ geöffnet.

Geschlechtskrankheiten

Welche Geschlechtskrankheiten gibt es – und wo besteht Ansteckungsgefahr?

Geschlechtskrankheiten (auch venerische Erkrankungen genannt) sind Infektionen, die durch geschlechtliche Kontakte übertragen werden. Der Begriff Infektion bedeutet, daß mikroskopisch kleine Krankheitserreger wie Bakterien, Einzeller (Protozoen), Pilze oder Viren in den Körper eingedrungen sind.

Durch Bakterien hervorgerufen werden:
- Tripper (Gonorrhoe),
- Syphilis (Lues),
- venerische Lymphknotenentzündung (Chlamydia-Infektion),
- Mycoplasmen-Infektion.

Durch Einzeller (Protozoen) hervorgerufen:
- Trichomonaden-Infektion.

Durch kleine Pilze hervorgerufen:
- Candida-Infektion.

Durch Viren hervorgerufen:
- Feigwarzen
- Herpes-Infektion
- AIDS

Dies sind die wichtigsten, in unseren Breiten vorkommenden Geschlechtskrankheiten. Andere sollen hier vernachlässigt werden.

Eine Ansteckung erfolgt bei Geschlechtskrankheiten hauptsächlich durch direkte sexuelle Berührungen, also beim Geschlechtsverkehr, bei Intimküssen oder bei Genitalpetting, da nur so die Erreger übertragen werden. Auf indirektem Weg, also über Bettzeug oder Klobrillen, sind die meisten Erreger (Bakterien, AIDS-Viren) *nicht* übertragbar. Außerhalb von körperwarmen Stellen sterben sie innerhalb von Minuten ab.

Trichomonaden und Pilze dagegen sind auch ohne sexuellen Kontakt übertragbar. Einige Erreger, wie zum Beispiel Trichomonaden und Herpes-Viren, sind bei vielen Menschen ständig im Körper vorhanden, ohne daß sie zu einer Krankheit führen. Erst bei einer besonderen *Abwehrschwäche* des Körpers können sie sich plötzlich stark vermehren und ihre charakteristischen Krankheitserscheinungen hervorrufen. Das kann passieren, wenn andere Infektionen, seelischer Streß, die Einnahme von Antibiotika oder anderer Medikamente die körperlichen Widerstandskräfte verringern.

Woran erkennt man, daß man sich angesteckt hat?

Medizinische Einzelheiten sind hier nicht wichtig. Was aber jeder wissen sollte, sind einige, für jeden Laien erkennbare *Anzeichen* (Symptome) für Geschlechtskrankheiten. Wer an sich selber auffällige körperliche Veränderungen feststellt, sollte einen Anhaltspunkt dafür haben, ob der Verdacht auf eine Geschlechtskrankheit angebracht ist, um rechtzeitig Maßnahmen ergreifen zu können.

Symptome bei bakteriellen Infektionen:

Frau:
Schleimig-eitriger Ausfluß aus der Scheide, oft nur in geringfügigem Ausmaß. Meist ohne Beschwerden. Die Symptome sind also sehr unauffällig!

Mann:
Zuerst schleimiger, dann eitriger Ausfluß aus der Harnröhrenöffnung. Beim Wasserlassen treten meist Schmerzen auf.

Verdacht auf: Tripper
Bei Auftreten der ersten Krankheitszeichen liegt die Ansteckung etwa 2 bis 8 Tage zurück! (Inkubationszeit, das heißt Zeit von der Ansteckung bis zum Ausbruch der Krankheit.)

Frau/Mann:
Zuerst tritt ein leicht erhöhter roter Fleck in Erscheinung und zwar meist an den Geschlechtsteilen (Das ist die Stelle, an der die Infektion übertragen wurde).
Dieser Fleck geht später in ein flaches Geschwür mit einem Durchmesser von etwa einem halben Zentimeter über. Bei der Frau ist dieses Krankheitszeichen dann sehr schwer zu entdecken, wenn es sich innerhalb der Scheide ausbildet. Dieses kleine Geschwür verursacht keine Schmerzen und heilt auch ohne Behandlung nach einigen Tagen von selbst wieder ab.
Nach etwa sechs Wochen kommt es dann zu einem Hautausschlag am ganzen Körper

(hauptsächlich an Brust, Bauch und den Innenseiten der Arme), oft gefolgt von Entzündungen an den Genitalien und am Mund.
Dazu treten begleitend vielfach Fieber und Gelenkschwellungen auf.

Verdacht auf: Syphilis
Beim Auftreten der ersten Krankheitszeichen liegt die Ansteckung meist etwa drei Wochen zurück; es können manchmal aber auch drei Monate vergangen sein.

Frau/Mann:
Im Bereich der Genitalien (Eichel, Schamlippen) tritt ein kleines, knotenförmiges Geschwür auf, das oft schmerzlos bleibt.
Nach 1 bis 4 Wochen kommt es zu Lymphknotenschwellungen im Leistenbereich und Fieber.

Verdacht auf: venerische Lymphknotenentzündung (Chlamydia)
Beim Auftreten der esten Krankheitssymptome liegt die Ansteckung etwa eine Woche zurück.

Frau/Mann:
Jucken im Genitalbereich und Brennen beim Wasserlassen. Keine sichtbaren Symptome.

Verdacht auf: Mycoplasmen-Infektion
Bei Auftreten der ersten Krankheitssymptome liegt die Ansteckung 1 bis 3 Wochen zurück.

Symptome bei Pilzinfektionen

Frau:
Dickflüssiger, weißlicher Ausfluß, starkes Jucken.

Mann:
Leichte Hautreizungen an der Eichel.

Verdacht auf: Candida-Pilz-Infektion
Bei Auftreten der ersten Symptome liegt die Ansteckung etwa eine Woche bis drei Monate zurück.

Symptome bei Infektionen mit Einzellern

Frau:

Stark riechender, grün-gelber Ausfluß aus der Scheide, der Jucken verursacht (Verdacht auf Trichomonaden-Infektion). Wenn die Harnröhre befallen ist, dann treten verstärkter Harndrang und Brennen beim Wasserlassen auf.

Mann:

Harndrang und brennendes Gefühl beim Wasserlassen.

Verdacht auf: Trichomonaden-Infektion

Bei Auftreten der ersten Krankheitssymptome liegt die Ansteckung etwa 4 bis 28 Tage zurück.

Symptome bei Virusinfektionen

Frau/Mann:

Im Genitalbereich, manchmal auch am After bilden sich langsam wachsende Hauterhebungen, die wie normale Warzen aussehen. Diese Gebilde sind nicht schmerzhaft, können von selbst wieder verschwinden, aber auch immer wieder mal auftreten.

Verdacht auf: Feigwarzen (Condylome)

Bei Auftreten der ersten Symptome liegt die Ansteckung bis zu drei Monate zurück.

Frau/Mann:

Im Genitalbereich, hin und wieder auch in den benachbarten Hautpartien, treten kleine Bläschen auf, die ein unangenehm juckendes Gefühl hervorrufen. Die Stellen können, besonders wenn die Bläschen aufgeplatzt sind, sehr schmerzhaft sein. Dann kommt es auch leicht zu zusätzlichen Infektionen mit Bakterien, was zu Entzündungen, Fieber und Lymphknotenschwellungen führen kann.

Die Bläschen heilen von selbst nach etwa drei Wochen wieder ab, ohne Narben an der Haut zu hinterlassen.

Verdacht auf: Herpes-Infektion

Bei Auftreten der ersten Krankheitssymptome liegt die Ansteckung meist 2 bis 5 Tage zurück.

Frau/Mann:

Leichte Ermüdbarkeit, plötzlicher Gewichtsverlust, einzelne Fieberschübe, nächtliche Schweißausbrüche, Atembeschwerden, hartnäckiger Husten, dauerhafte Kopfschmerzen, Lymphknotenschwellungen (vor allem am Hals und unter den Achseln bemerkbar), gestörte Verdauung (abwechselnd Durchfälle und Verstopfung), Entzündungen der Haut, hohe Anfälligkeit für alle möglichen Arten von Infektionen. Die einzelnen Erscheinungen für sich können viele, auch ziemlich harmlose Ursachen haben.

Wenn viele dieser Symptome jedoch zusammen auftreten, ergibt sich der

Verdacht auf: AIDS (erworbene Immunschwäche)

Bei Auftreten der Krankheitssymptome kann der Betreffende schon viele Jahre lang Träger des die Immunschwäche auslösenden Virus sein.

Damit sind die ersten, erkennbaren Symptome der wichtigsten Geschlechtskrankheiten benannt. Über AIDS informiert das folgende Kapitel ausführlicher. Im Unterschied zu AIDS sind die oben aufgeführten Geschlechtskrankheiten heutzutage alle *heilbar*. Also keine Panik, wenn ein begründeter Verdacht auf eine Ansteckung besteht.

Angesteckt – was tun?

Den meisten Menschen ist es sehr peinlich, wenn sie vermuten, daß sie sich mit einer Geschlechtskrankheit angesteckt haben. Doch eben diese falsche Scham trägt viel dazu bei, daß sich diese Krankheiten stärker verbreiten können, als es bei mehr Offenheit der Fall wäre. Wer aus Angst vor moralischen Vorwürfen die Krankheit verschweigt und nicht behandeln läßt, macht die Sache für sich selbst und für andere nur noch schlimmer, denn er riskiert, daß sich sein Gesundheitszustand wei-

ter verschlechtert und daß er weitere Personen ansteckt. Selbst wenn die Hemmungen noch so groß sind, man muß sie überwinden und *sofort zum Arzt* gehen! Je schneller eine Geschlechtskrankheit behandelt wird, um so harmloser sind die Folgen für alle Beteiligten! Die Person, bei der man sich vermutlich angesteckt hat, muß selbstverständlich über das Ergebnis der eigenen ärztlichen Untersuchung informiert werden. Wer nicht genau weiß, bei wem er sich angesteckt hat, weil er in letzter Zeit mit verschiedenen Personen Geschlechtsverkehr hatte, der muß mit Hilfe des Arztes zurückrechnen. Es ist wichtig festzustellen, *wann* möglicherweise die Ansteckung passiert sein kann. Der Arzt kann die *Inkubationszeit* – das ist die Zeit zwischen der Ansteckung und dem ersten Auftreten von Krankheitsanzeichen – einschätzen. Der Erkrankte *muß* unbedingt *alle* Personen, mit denen er in dieser Zeit sexuellen Kontakt hatte, *sofort* benach-

richtigen! Man muß damit rechnen, daß die Ansteckung unter Umständen an alle diese Personen weitergegeben wurde. Alle Betroffenen sollten sich – unabhängig davon, ob sie Krankheitsanzeichen spüren oder nicht – sofort in ärztliche Behandlung begeben. Von »Hausmittelchen« gegen Geschlechtskrankheiten ist dringend abzuraten! Manche von diesen »heißen Tips« sind nicht nur nutzlos, sondern auch gefährlich. Auch mit besonderen Hygienemaßnahmen, wie zum Beispiel gründlichen Waschungen an den Genitalien, können Infektionen nicht bekämpft und auch künftig nicht vermieden werden. Das einzige Mittel, das einen gewissen Schutz vor Anstekkung gewährt, ist das *Präservativ*.

Zu welchem Arzt soll man gehen?

Am besten geht man erst einmal zum Hausarzt. Er überweist den Patienten im Bedarfsfall an den richtigen Facharzt.

Jugendliche, die nicht wollen, daß ihre Eltern etwas von ihrer Krankheit erfahren, können sich auf die Schweigepflicht des Arztes verlassen. Wer aber auf keinen Fall zum Hausarzt seiner Eltern gehen will, kann ohne Umwege einen Facharzt aufsuchen. Man braucht allerdings aus formalen Gründen eine Überweisung vom Hausarzt. *Urologen*, das sind Spezialisten für Erkrankungen der Harnwege, *Dermatologen* (Hautärzte) oder *Gynäkologen* (Frauenärzte) kommen hier in Frage. Man braucht keine Hemmungen zu haben, sich zu offenbaren. Ärzte betrachten auch Geschlechtskrankheiten nicht vom moralischen, sondern vom medizinischen Standpunkt aus. Für einige Geschlechtskrankheiten besteht *Meldepflicht*, das heißt, daß der Arzt diese Fälle *ohne Namensnennung* an die Gesundheitsbehörde melden muß. Auf die Schweigepflicht der Ärzte kann man sich aber immer verlassen.

Die medizinische Behandlung von Geschlechtskrankheiten ist relativ unkompliziert. In den meisten Fällen muß der Patient lediglich für einige Zeit bestimmte Tabletten schlucken oder sich mit Salben einreiben. Die bakteriellen Infektionen (Tripper, Syphilis, Chlamydien und Mycoplasmen) werden mit Antibiotika bekämpft; Trichomonaden und Pilze mit anderen Medikamenten sowie mit Salben und Zäpfchen.

Gegen Viren, die Feigwarzen beziehungsweise Herpes-Bläschen hervorrufen, gibt es zur Zeit kaum mehr als lindernde Salben. Eine direkte Bekämpfung durch Abtöten oder Wachstumshemmung dieser Erreger ist bislang nicht möglich, da die Medizin noch keine angemessenen Methoden gefunden hat.

Wenn man nicht zum Arzt geht...

Die durch Bakterien hervorgerufenen Infektionen sind beim heutigen Kenntnisstand der Medizin relativ harmlos. Wenn sie aber nicht sofort und richtig behandelt werden, kann das schlimme Folgen haben. Das *Heimtückische* an Krankheiten wie Tripper und insbesondere Syphilis ist, daß nur die ersten Krankheitszeichen auffällig sind. Werden sie nicht erkannt und nicht behandelt, klingen sie nach einiger Zeit von selbst wieder ab. Der Kranke fühlt sich gesund, doch die *Erreger dringen unbemerkt* im Organismus *weiter vor* und führen teilweise zu schweren Schädigungen. Unbehandelter Tripper kann zu Unfruchtbarkeit führen, auch Mycoplasmen können beim Mann Zeugungsunfähigkeit hervorrufen. Unbehandelte Trichomonaden bewirken eine Entzündung der Vorsteherdrüse (Prostata). Chlamydien verursachen chronische Entzündungen und Schwellungen im Genitalbereich sowie Gelenkerkrankungen. Bei Syphilis können Erblindung, Herz- und Gehirnerkrankungen die Spätfolgen sein.

Bei den meisten unbehandelten Geschlechtskrankheiten besteht auch die Gefahr, daß schwangere Frauen die Erreger auf ihr Kind übertragen.

Wenn man auch nur den Verdacht hat, geschlechtskrank zu sein, gibt es nur eine richtige Maßnahme: *sofort* zum Arzt!

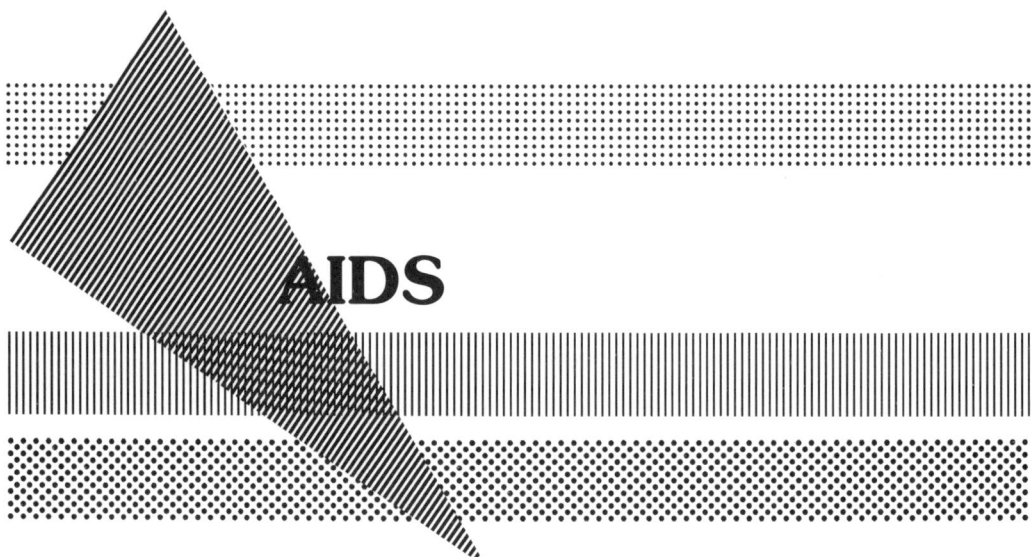

AIDS

Warum man genau Bescheid wissen sollte!

AIDS ist eine schwere, in den meisten Fällen tödlich endende Krankheit, die in erster Linie durch Geschlechtsverkehr übertragen wird. Kaum jemandem ist dies unbekannt. Dieser Kenntnisstand wurde nicht zuletzt durch zahlreiche Aufklärungskampagnen erreicht, und trotzdem gibt es noch eine Menge Unwissen und Unsicherheiten über wichtige Fragen zu diesem Thema:

Wann besteht Ansteckungsgefahr – wann nicht? Gibt es zuverlässige Tests? Kann man schon bald auf wirksame Heilungsverfahren hoffen? Was muß ich tun, damit ich mich nicht anstecke?

Um eine Ansteckung zu vermeiden, ist es jedenfalls nicht nötig, sexuell enthaltsam zu leben. Wer die gebotenen Verhaltensmaßregeln beachtet, für den ist die Wahrscheinlichkeit, sich zu infizieren, äußerst gering. Doch die zum Schutz vor Ansteckung ausgesprochenen Empfehlungen werden nur denen wirklich einleuchten, die die ursächlichen Zusammenhänge kennen. Daher werden die wichtigsten Aspekte dieser Krankheit nun etwas ausführlicher behandelt, in der Hoffnung, daß diese Informationen motivieren, sich zu schützen.

Wie arbeitet das Immunsystem?

AIDS bedeutet auf deutsch »Erworbene Schwäche der Immunabwehr«. Es handelt sich um eine Erkrankung, bei der das Abwehrsystem des Körpers, das eingedrungene Krankheitserreger bekämpft, nicht mehr funktioniert. Um diesen Funktionsverlust nachvollziehen zu können, muß man sich erst einmal vor Augen führen, wie dieses System im intakten Zustand, das heißt bei einem gesunden Menschen arbeitet.

Mit der Atemluft, der Nahrung und auf anderen Wegen nehmen wir ständig Kleinstlebewesen (Pilze, Bakterien und Viren) in uns auf, die, wenn sie sich im Körper ausbreiten können, zu Krankheiten führen. Trotz dieser Invasion von Mikroben kommt es nur relativ selten zum spürbaren Ausbruch einer Infektion. Das ist das Verdienst unseres Immunsystems, das durch verschiedene Abwehrmaßnahmen diese körperfremden Eindringlinge bekämpft. Eine Infektion mit Grippeviren führt beispielsweise zu Krankheitssymptomen wie Schleimhautentzündungen im Nasen- und Rachenraum, Fieber und anderen Symptomen. Aber in kürzester Zeit mobilisiert der Körper seine Abwehrkräfte und nach einigen Tagen ist er weitgehend mit den Eindringlingen fertig geworden; wir fühlen uns wieder gesund. Warum versagt dieses System aber bei den AIDS-Viren?

Die Lebensweise der Viren – Was ist das Besondere an den AIDS-Viren?

Viren sind die kleinsten und einfachsten Organismen, die es gibt. Man kann sie als *Gen-Parasiten* bezeichnen, denn im Gegensatz zu allen anderen Lebewesen haben sie keine kompletten Erbanlagen, die es ihnen ermöglichen würden, sich ohne Hilfe fremder Organismen zu vermehren. Sie schmuggeln sich entweder komplett in die fremde Zelle ein oder haften lediglich an ihr fest, um ihre wenigen Gene in die Wirtszelle einzuschleusen. Die Virus-Gene programmieren dann die Erbinformation einer befallenen Wirtszelle so um, daß diese nun Viruszellen produziert, anstatt sich selbst weiter zu vermehren. Wenn aber beispielsweise Grippeviren in die Zellen der Nasenschleimhaut eingedrungen sind, wird das *Immunsystem* alarmiert und es beginnt wirksame Abwehrmaßnahmen zu entwickeln. Der Körper hat dann beste Aussichten, bald mit den krankmachenden Zellparasiten fertig zu werden. Ausgelöst und gesteuert wird diese Abwehr im wesentlichen durch bestimmte Blutzellen, die man als *T-Lymphozyten* bezeichnet. Das Fatale an den AIDS-Viren allerdings ist, daß sie sich ausgerechnet auf diese T-Lymphozyten, die Organisatoren der Immunabwehr, als Wirtszellen spezialisiert haben. Sie vermehren sich nur in ihnen und zerstören dadurch das Verteidigungssystem des Körpers, so daß es seine Wirkung gegen gefährliche Eindringlinge nicht mehr entfalten kann. Wenn es zum Ausbruch der AIDS-Krankheit kommt, ist der menschliche Organismus allen Arten von Krankheitserregern ziemlich schutzlos ausgeliefert. Durch sein geschwächtes Immunsystem wird der AIDS-

Kranke nun leicht zum Opfer anderer, normalerweise harmlos verlaufender Infektionen.

Nach dem Eindringen in den Körper geht das Virus allerdings erst einmal in »Wartestellung«, in der es viele Jahre verharren kann. Das hat zur Konsequenz, daß jemand, der mit dem AIDS-Virus *infiziert* ist, noch lange nicht an AIDS *erkrankt* sein muß. Erst durch Umstände, die bislang unklar sind, wird es irgendwann »aktiviert«; die Krankheit bricht aus.

Wie wird das AIDS-Virus übertragen?

Das AIDS-Virus kann sich *nur in den Blutzellen* vermehren; deshalb muß es, um sich ausbreiten zu können, aus dem Blut eines bereits Infizierten in die *Blutbahn* eines anderen Menschen gelangen. Das Blut ist sein Lebenselement. Außerhalb des menschlichen Körpers überlebt es nicht lange, denn es reagiert empfindlich auf Austrocknung und hält auch Temperaturänderungen nicht stand. Aus diesem Grund kann AIDS auch *nicht* über Handtücher, Bettzeug, Eßgeschirr, in der Sauna oder im Schwimmbad übertragen werden. Für die Benutzung von Toiletten gilt dasselbe, zumal Urin und Kot *keine* AIDS-Erreger enthalten. Weil AIDS-Viren im Speichel nur in äußerst geringen Konzentrationen vorkommen, ist eine Übertragung durch Lippenküsse, Anhusten oder Niesen ebenfalls *auszuschließen*. Selbst eine Übertragung durch einen Biß konnte bisher noch nicht festgestellt werden.

Da über die genannten zwischenmenschlichen Kontakte keine Verbreitung erfolgen kann, ist auch einleuchtend, daß der gemeinsame Schulbesuch und das Sporttreiben zusammen mit AIDS-Infizierten *völlig ungefährlich* sind. Besuche beim Arzt sind normalerweise ohne Risiko, da dieser die Gefahrenquellen kennt und besonders beim Umgang mit Blut Sorgfalt walten läßt.

Außer im Blut finden sich AIDS-Viren nur in der Samen- und Scheidenflüssigkeit. Die Krankheit wird daher hauptsächlich durch Geschlechtsverkehr übertragen. Wenn aber der AIDS-Erreger von einer Blutbahn in die andere gelangen muß, um sich auszubreiten, warum ist dann Geschlechtsverkehr überhaupt ein Übertragungsweg? Dazu muß man wissen, daß die Viren extrem klein sind. Sie haben einen Durchmesser von nur 1/10 000 mm. Daher können sie durch kleinste Hautrisse in die Blutgefäße gelangen. Da es an Körperteilen wie Penis, Scheide und After beim Geschlechtsverkehr leicht zu winzig kleinen Verletzungen kommen kann, die dem Virus als Eintrittspforte dienen können, ist der Geschlechtsverkehr der beste Übertragungsweg für AIDS-Viren. Besonders zart ist die Haut des Enddarms. Sie wird bei stärkerer Beanspruchung leicht verletzt. Gerade von homosexuellen Männern wird aber die Afteröffnung häufig in ihre sexuellen Praktiken mit einbezogen: ein wesentlicher Grund für die Verbreitung von AIDS unter Homosexuellen.

Wer ist besonders durch AIDS gefährdet?

Menschen, oder Gruppen von Menschen, bei denen AIDS häufiger auftritt als bei den übrigen Teilen der Bevölkerung bezeichnet man als *Risikogruppen*. Neben den schon genannten homosexuellen Männern sind vor allem Drogensüchtige, die sich das Rauschgift direkt in die Blutbahn spritzen, sehr stark gefährdet. Da sie die gleiche Spritze, an der noch kleine Mengen Blut sind, nach dem Herausziehen aus der Vene oft untereinander austauschen, kann auf diesem Wege AIDS übertragen werden. Etwa 8 % der AIDS-Kranken sind drogensüchtig. Unter ihnen befinden sich auch viele Prostituierte und Strichjungen, die, um ihre Sucht zu finanzieren, ihren Körper verkaufen. Bis vor einiger

Zeit gab es noch einen dritten Ansteckungsweg, der eine AIDS-Gefährdung darstellte: Die Ansteckung über infizierte Blutkonserven.

Als der AIDS-Erreger noch nicht im Labor indentifiziert war, kam es vor, daß AIDS-Infizierte das Virus unwissentlich beim Blutspenden weitergaben. Wenn solches Blut für Transfusionen oder andere medizinische Zwecke verwendet wurde, konnte das zur Ansteckung mit der Immunschwäche-Krankheit führen. Erst als das AIDS-Virus erkannt und der Zusammenhang mit den Blutzellen bekannt war, konnte dieser Übertragungsweg durch AIDS-Tests der Spender sowie der Blutkonserven unterbrochen werden.

Vorsicht – aber keine Panik!

Es vergeht mittlerweile kaum mehr ein Tag ohne einer Berichterstattung in den Zeitungen, die sich mit AIDS befaßt. Monat für Monat werden die neusten Zahlen der Statistik gemeldet. In Deutschland sind bereits mehrere Tausend Krankheitsfälle registriert. Das klingt beängstigend, doch nimmt sich die bislang bekannte Anzahl von Kranken und Infizierten im Verhältnis zu Millionen von gesunden Jugendlichen eher sehr gering aus. Es gibt also bislang keinen Grund, hinter jedem Menschen, den man neu kennenlernt, einen AIDS-Infizierten zu vermuten. Trotz intensiver Aufklärung hat sich die Ausbreitungsgeschwindigkeit von AIDS zwar noch nicht verlangsamt, doch der Großteil der von AIDS Betroffenen sind männliche Homosexuelle mit häufig wechselnden Geschlechtspartnern, Prostituierte und Drogenabhängige. Mit dieser Szene haben die allermeisten Jugendlichen normalerweise ohnehin keinen Kontakt. Sollte man aber jemanden kennenlernen, der zu dieser Risikogruppe gehört, muß man sich klarmachen, daß hier die Gefahr einer Ansteckung besonders groß ist. Möglicherweise kann man am Verhalten oder an bestimmten Umständen merken, ob jemand homosexuell oder drogenabhängig ist. Auch einem Mensch, bei dem AIDS ausgebrochen ist, kann man ansehen, daß er von einer schweren Krankheit gezeichnet ist. Aber jemand , der das Virus in sich trägt, ohne daß es schon aktiv geworden ist, weist keine erkennbaren Merkmale auf. Oft weiß der Betroffene selbst nicht, daß er sich infiziert hat. Bei Geschlechtspartnern, die man nicht wirklich gut kennt, ist deshalb zunächst einmal Vorsicht geboten. Einen ziemlich zuverlässigen *Schutz* vor einer Ansteckung bietet nach wie vor nur die Verwendung eines *Kondoms*, dessen sachgerechte Anwendung bereits beschrieben wurde.

Wie bei allen durch geschlechtliche Kontakte übertragbaren Krankheiten steigt die statistische Wahrscheinlichkeit einer Ansteckung mit der Zahl der Geschlechtspartner. Die eigene Treue nützt jedoch wenig, wenn der Partner oder die Partnerin »eigener« Wege geht.

Der AIDS-Test –
die letzte Gewißheit

Ob jemand mit AIDS-Viren infiziert ist, kann nur der Arzt feststellen. Hierfür gibt es heute zuverlässige Tests. Gelegentliche Meldungen über Fehldiagnosen beruhen auch kaum auf einem Versagen dieser Methode, sondern auf dem versehentlichen Vertauschen der Blutproben. Der Test macht sich die Tatsache zunut-

ze, daß der Körper auf das Vorhandensein von AIDS-Erregern im Blut mit der Bildung ganz bestimmter Stoffe, den *Antikörpern*, reagiert. Diese können dann durch die verwendeten Testsubstanzen identifiziert werden. Es dauert aber einige Zeit, bis der Organismus nach der Ansteckung Antikörper gebildet hat. Im allgemeinen geht man von sechs Wochen aus – vorher ist ein Test demnach sinnlos. Sollte jemand nach einem sexuellen Kontakt die Befürchtung haben, Opfer einer Ansteckung mit AIDS-Viren geworden zu sein, muß er einige Wochen Geduld aufbringen, bevor er sich durch eine Blutuntersuchung Gewißheit verschaffen kann.

Achtung: Der AIDS-Test wird als *positiv* bezeichnet, wenn der Untersuchte Antikörper gegen AIDS-Viren gebildet, sich also angesteckt hat. Erfährt man, daß der Test *negativ*

war, heißt das, daß keine Infektion stattgefunden hat. Da das AIDS-Virus auch mit der Ab-
kürzung HIV bezeichnet wird, ist häufig auch
von *HIV-positiv* oder *HIV-negativ* die Rede.
Wer ganz sicher gehen will, sollte den Test
nach einigen Monaten noch einmal wiederho-
len, da in seltenen Fällen die Bildung der die
Viren entlarvenden Antikörper zeitlich verzö-
gert sein kann.

Obwohl die Wissenschaft zur Zeit fieberhaft
versucht, Mittel zu entwickeln, die AIDS-Kran-
ke heilen beziehungsweise gesunde Menschen
vor einer Ansteckung durch das Virus schützen sollen, gibt es im Augenblick kein Medikament, das mehr vermag, als den Krankheits-
verlauf ein wenig zu verzögern. Es sollte sich
daher niemand aus der falschen Vorstellung,
die Medizin habe das Problem ohnehin schon
so gut wie im Griff, leichtfertig einer Infektionsgefahr aussetzen. Wissenschaftler schät-
zen, daß die Entwicklung eines Medikamentes
oder Impfstoffes noch viele Jahre dauern
kann.

Deshalb sollte sich niemand auf ein Vaban-
quespiel einlassen. Es kann tödlich enden.

Man kann sich aber schützen. Wer Kondome benutzt oder nur mit jemandem schläft,
wenn beide einen AIDS-Test gemacht haben,
ist vor einer Ansteckung sicher und muß sich
in seinem Sexualleben nicht einschränken.

Wichtige Adressen

Beratungsstellen bei Verhütungs- und Abtreibungsfragen in Deutschland

Landesverbände der PRO FAMILIA

(Dort erfährt man die Adresse der jeweils nächstgelegenen Beratungsstelle.)

Baden-Württemberg:
Planckstr. 8
70184 Stuttgart
☎ (07 11) 46 11 51

Bayern:
Türkenstr. 103/1
80799 München
☎ (0 89) 39 90 79

Berlin:
Ansbacher Str. 11
10787 Berlin
☎ (0 30) 2 13 90 13

Brandenburg:
Heinrich-Mann-Allee 103
14473 Potsdam
☎ (03 31) 2 10 12

Bremen:
Stader Str. 35
28205 Bremen
☎ (04 21) 49 10 90

Hamburg:
Poppenhusenstr. 12
22305 Hamburg
☎ (0 40) 2 99 43 95

Hessen:
Schichaustr. 3
60314 Frankfurt
☎ (0 69) 44 70 61

Mecklenburg-Vorpommern:
Trägerstr. 9
18055 Rostock
☎ (03 81) 3 13 05

Niedersachsen:
Am Hohen Ufer 3 A
30159 Hannover
☎ (05 11) 36 36 08

Nordrhein-Westfalen:
Loher Str. 7
42283 Wuppertal
☎ (02 02) 2 82 21 57

Rheinland-Pfalz/Saarland:
Schillerstr. 24
55116 Mainz
☎ (0 61 31) 23 63 50

Sachsen:
Wurzener Str. 95
04315 Leipzig
☎ (03 41) 6 15 30

Sachsen-Anhalt:
im Gesundheitszentrum Silberhöhe
W.-v.-Klewiz-Str. 11
06132 Halle
☎ (03 45) 7 41 10
Schleswig-Holstein:
Am Marienkirchhof 6
24937 Flensburg
☎ (04 61) 8 69 30
Thüringen:
Falkstr. 23
99423 Weimar
☎ (0 36 43) 5 99 04
Weitere Beratungsstellen in ganz Deutschland
kann man erfragen bei der
Deutschen Arbeitsgemeinschaft für Jugend-
und Eheberatung e.V. (DAJEB)
Neumarkter Straße 84c
81673 München
☎ (0 89) 4 36 10 91
Kostenlose Informationsbroschüren über Kin-
dergeld, Erziehungsgeld und Sozialhilfe:
**Bundesministerium für Frauen
und Jugend**
Postfach
53132 Bonn
**Die Adressen kirchlich orientierter
Beratungsstellen erfährt man über:**
Katholische Bundesarbeitsgemeinschaft für
Beratung e.V.
Kaiserstraße 163
53113 Bonn
☎ (02 28) 10 31
Evangelische Konferenz für Familien- und
Lebensberatung e.V.
Matterhornstraße 82
14129 Berlin
☎ (0 30) 8 03 17 18

Beratungsstellen in der Schweiz

Familienplanungsstelle
Universitätsfrauenklinik
Schanzenstraße 46
4031 Basel
☎ (0 61) 3 25 95 95

Centre Médico-Social Pro Familia
Avenue Georgette 1
1003 Lausanne
☎ (0 21) 20 37 75

PLANNING FAMILIAL
C.I.F.E.R.N.
47 Boulevard de la Cluse
1205 Geneve
☎ (0 22) 3 21 01 91

Familienplanungsstelle
Universitätsfrauenklinik
8000 Zürich

Bei jeder Familienplanungsstelle bekommt man
auch weitere Adressen in kleineren Städten.

Beratungsstellen in Österreich

**Österreichische Gesellschaft
für Familienplanung (OGF)**
in der Universitäts-Frauenklinik II
Spitalgasse 23
1090 Wien
☎ (02 22) 48 00 29 24
Montag bis Freitag 8-12.00 Uhr
Eine ausführliche Liste mit 200 Beratungsstellen in allen Landesteilen kann man bestellen
beim österreichischen
**Bundesministerium für Familie, Jugend
und Konsumentenschutz**
Mahlerstr. 6
1010 Wien

Beratungsstellen und Nottelefone für mißhandelte Jugendliche in Deutschland

(Die folgenden Nummern gehören zu unterschiedlichen Organisationen und Verbänden der freien Jugendhilfe; nur in den Städten der ehemaligen DDR sind es meist Dienststellen der Jugendämter.)

Aachen ☎ 02 41/3 44 11
Ansbach ☎ 09 81/9 52 60
Augsburg ☎ 08 21/1 11 03
Bamberg ☎ 09 51/86 85 18
Berlin ☎ 0 30/34 40 26
Bielefeld ☎ 05 21/12 42 48
Bitterfeld ☎ 4 41/4 00
Bochum ☎ 02 34/8 57 81
Bonn ☎ 02 28/22 55 94 u. 26 15 94
Brandenburg ☎ 38/3 00 u. 3 30
Braunschweig ☎ 05 31/5 20 85
Bremen ☎ 04 21/70 17 17
Bremerhaven ☎ 04 71/4 29 29
Celle ☎ 0 51 41/4 20 63
Chemnitz ☎ 71/4 04 41; 49 50; 90 51
Cottbus ☎ 59/62 10
Darmstadt ☎ 0 61 51/4 55 11
Dortmund ☎ 02 31/16 09 99
Dresden ☎ 51/48 80; 51/9 96;
      ☎ 4 66 74 37
Düsseldorf ☎ 02 11/68 68 54
Duisburg ☎ 02 03/29 59 20
Eisenach ☎ 6 23/5 80
Erfurt ☎ 61/76 70
Essen ☎ 02 01/26 50 50
Esslingen ☎ 07 11/35 95 51
Flensburg ☎ 04 61/2 32 23
Frankfurt/Main ☎ 0 69/5 90 01 u. 1 94 11
Frankfurt/Oder ☎ 30/36 50
Freiburg ☎ 07 61/3 33 39
Fulda ☎ 06 61/7 78 33
Garmisch-Partenkirch. ☎ 0 88 21/75 12 79
Gera ☎ 70/6 50
Giessen ☎ 06 41/7 43 49 u. 7 86 60
Görlitz ☎ 5 5/6 74 02

Göttingen ☎ 05 51/7 33 11
Gotha ☎ 6 22/6 90
Hagen ☎ 0 23 31/1 58 88
Halle (an der Saale) ☎ 46/7 61 20 u.
      4 11 33
Hamburg ☎ 0 40/63 20 02 65
Hamm ☎ 0 23 81/2 63 12
Hannover ☎ 05 11/1 62 21 30
Heidelberg ☎ 0 62 21/4 99 61
Heilbronn ☎ 0 71 31/8 17 21
Herford ☎ 0 52 21/8 67 47
Hildesheim ☎ 0 51 21/3 17 55
Hof ☎ 0 92 81/17 58
Hoyerswerda ☎ 5 82/6 40
Ingolstadt ☎ 08 41/15 31 u. 15 59
Jena ☎ 78/2 38 51 u. 2 72 22
Kaiserslautern ☎ 06 31/6 00 21
Karlsruhe ☎ 07 21/16 26 33
Kassel ☎ 05 61/89 98 52
Kempten ☎ 08 31/1 47 44
Kiel ☎ 04 31/1 68 31
Koblenz ☎ 02 61/80 16 38
Köln ☎ 02 21/52 94 40
Konstanz ☎ 0 77 31/6 12 13
Landshut ☎ 08 71/60 90
Leipzig ☎ 41/6 84 90; 3 93 49;
      ☎ 29 18 14
Ludwigshafen am Rhein ☎ 06 21/52 52 11
Lübeck ☎ 04 51/79 44 33
Magdeburg ☎ 91/2 92 28 u. 3 38 31
Mainz ☎ 0 61 31/61 37 37
Mannheim ☎ 06 21/37 97 00
Marburg ☎ 0 64 21/3 43 71
Mönchengladbach ☎ 0 21 61/1 11 03
München ☎ 0 89/55 53 56
Münster (Westf.) ☎ 02 51/4 71 80
Neubrandenburg ☎ 90/68 20 u. 02 31 25
Nürnberg ☎ 09 11/33 13 30 u. 16 33 33
Oberhausen ☎ 02 08/80 58 47
Offenbach ☎ 0 69/81 77 62
Offenburg ☎ 07 81/2 39 47
Oldenburg ☎ 04 41/1 77 88
Osnabrück ☎ 05 41/1 11 01
Passau ☎ 08 51/3 43 37
Potsdam ☎ 33/35 21 u. 3 50

Regensburg ☎ 09 41/5 02 11 12 u.
☎ 5 07 27 61
Reutlingen ☎ 0 71 21/7 34 37
Rosenheim ☎ 0 80 31/1 29 29
Rostock ☎ 81/38 15 65 u. 3 79 27 83
Saarbrücken ☎ 06 81/3 25 33
Schwerin ☎ 84/5 70 u. 72 22 97
Siegburg ☎ 0 22 41/33 01 94
Siegen ☎ 02 71/26 55
Singen ☎ 0 77 31/4 60 06
Stuttgart ☎ 07 11/29 43 69
Trier ☎ 06 51/7 55 33
Tübingen ☎ 0 70 71/29 52 92 u.
☎ 29 21 13
Ulm ☎ 07 31/61 99 06
Weimar ☎ 6 21/7 22 72; 7 40 u.
☎ 7 42 44; 77 04 10
Wiesbaden ☎ 06 11/80 86 19
Würzburg ☎ 09 31/1 32 87 u. 28 41 80
Wuppertal ☎ 02 02/75 53 64
Zwickau ☎ 0 94 44/2 58 94, 74/95 41

Darüber hinaus gibt es jetzt ein *bundesweites* »**Sorgentelefon**« für Kinder und Jugendliche:
☎ 0 13 08-1 11 03 (gebührenfrei).

Notrufe in Österreich

Graz
Frauenhaus ☎ (03 16) 91 25 92
Innsbruck
Frauenhaus: ☎ (0 52 22) 21 63 95
Klagenfurt
Frauenhaus: ☎ (0 42 22) 4 49 66
Linz
Frauenhaus: ☎ (07 32) 4 41 00
Verein Notruf, Hauptplatz 15: ☎ 2 78 74
Mödling
Frauenhaus: ☎ (0 22 36) 8 65 49
Salzburg
Frauenhaus: ☎ (06 62) 84 22 71
Frauennotruf, Haydnstr. 6: ☎ 88 11 00
Steyr
Verein Notruf, Resthofstr. 14/15:
☎ (0 72 52) 6 57 49

Wien
Frauenhaus: ☎ (02 22) 31 56 56 u. 4 32 61
Verein Notruf, Postfach 170;
☎ 56 72 13

Notrufe in der Schweiz

Aargau
Frauenhaus, Postfach 267, 5200 Brugg
☎ (0 56) 42 19 90
Baden
Frauenzentrum, Stadtturmstr. 8
Basel
Nottelefon: ☎ (0 61) 2 61 89 89
(Mo u. Mi 16-18 Uhr, Di u. Do 10-13 Uhr,
Do 19-22 Uhr)
Bern
Nottelefon: ☎ (0 31) 42 42 20
(Mo u. Fr 19-22 Uhr)
Frauenzentrum, Langmauerweg 1
☎ (03 21) 22 07 73
Frauenfeld
Nottelefon: ☎ (0 54) 2 21 80 82 oder
451860 oder 221077
Fribourg
Frauenhaus: ☎ (0 37) 22 22 02
Genéve
CIFERN ☎ (0 22) 3 21 01 91
Luzern
Nottelefon: ☎ (0 41) 22 80 50
(Di 18-20 Uhr)
Frauenhaus: ☎ (0 41) 44 70 00
Schaffhausen
Nottelefon: ☎ (0 53) 4 22 55
(Di 16-20 Uhr)
St. Gallen
Frauenhaus: ☎ (0 71) 23 13 56
Winterthur
Frauenhaus: ☎ (0 52) 23 08 78
Zürich
Nottelefon: ☎ (01) 42 46 46
(Mo, Di u. Fr 9-13 Uhr, Mi u. Do 16-20 Uhr,
Fr u. Sa 0-8 Uhr)
Frauenzentrum, Mattengasse 27,
☎ (01) 44 85 03

Register

104 Register